AF450398

NOTES

POUR SERVIR A

L'ÉTUDE DE LA SOIE

SUIVIES D'UNE

ÉTUDE SUR LES ÉTOUFFOIRS CHIMIQUES

PAR

Paul FRANCEZON

LYON

IMPRIMERIE DU TEXTILE

28, grande rue de la Guillotière, 28

1880

NOTES

POUR SERVIR A

L'ÉTUDE DE LA SOIE

NOTES

POUR SERVIR A

L'ÉTUDE DE LA SOIE

PAR

Paul FRANCEZON

LYON

IMPRIMERIE DU TEXTILE

28, grande rue de la Guillotière, 28

1880

NOTES

POUR SERVIR A

L'ÉTUDE DE LA SOIE

I

INCINÉRATION DES MATIÈRES SOYEUSES

Depuis les travaux déjà anciens du chimiste italien Sobrero, qui dosa et analysa les cendres de soie, peu de personnes ont pensé à reprendre cette étude et à voir s'il n'y avait pas de différence entre la proportion des sels contenus dans la coque du cocon et dans la soie grège qui en provient.

Sobrero constate que la soie contient de 0. 7 à 1°/₀ de cendres composées de sulfates, chlorures et phosphates alcalins, de chaux, d'alumine, de magnésie et de manganèse : nous verrons bientôt que si la proportion indiquée pour les cendres est assez juste, leur analyse qualitative est inexacte et laisse à désirer.

L'incinération des matières soyeuses est très-longue : sous l'action de la chaleur elles subissent une sorte de fusion, se boursouflent, brûlent avec une odeur très-désagréable et laissent enfin un charbon spongieux, luisant, très-difficile à réduire en cendres.

Le mieux est d'opérer dans une grande capsule ou dans un creuset de platine, chauffé au rouge par un bec Bunsen triple et de laisser l'opération marcher toute seule après avoir réglé convenablement la flamme du gaz.

On pourrait craindre que les cendres étant très riches en phosphates, le platine ne fût attaqué et la capsule perdue ; il n'en est rien cependant, puisque voilà plus d'un an que j'emploie pour les incinérations le même appareil qui n'a perdu que très-peu de son poid primitif.

L'altération la plus forte que j'ai eu l'occasion de constater assez souvent dans l'incinération des coques de cocons, provient de la réduction partielle des sulfates chauffés au rouge en présence du charbon, dans une partie où momentanément l'air a un difficile accès : il se forme dans ce cas des taches noires dans la capsule, taches qui résistent à l'acide nitrique chaud et qu'on ne peut enlever que par un lavage au sable fin humide.

Quand l'incinération paraît complète, il faut avoir soin de remuer les cendres avec un gros fil de platine en traçant au milieu d'elles des sillons dans tous les sens : on renouvelle ainsi les surfaces, et on voit une foule de petites particules de charbon qui étaient protégées par les cendres, arriver maintenant au contact de l'air et brûler avec un vif éclat. Ce n'est qu'après cette manœuvre et lorsque les dernières traces sont brûlées, qu'on laisse refroidir la capsule : on y verse ensuite 15 à 20 centimètres cubes d'une solution saturée de carbonate d'ammoniaque (1), on évapore doucement a sec sans faire bouillir, on chauffe légèrement au rouge, on laisse refroidir et on pèse enfin le résidu.

C'est lors de ce dernier traitement par le carbonate d'ammoniaque que j'ai observé un fait assez curieux dont je vais dire un mot.

Ayant traité des cendres de soie, comme il est dit ci-dessus, je fus fort surpris de trouver dans la capsule et tout autour de l'amas grisâtre qu'elles formaient, de fortes stries vert bleuâtre foncé, paraissant formées de carbonate de cuivre et qui se décomposèrent lors du chauffage au rouge faible, en laissant à leur place de l'oxyde de cuivre noir.

Après m'être assuré que c'était bien ce métal qui formait des stries vertes, je pensai qu'il ne devait pas préexister dans la soie et provenait d'un accident : des appareils en cuivre plus ou moins sulfurés et oxydés comme ils le sont toujours dans un laboratoire, se trouvaient, en effet, à côté du support où j'avais fais l'incinération et pouvaient avoir été touchés par les pinces en fer qui m'avaient servi à manier la capsule et qui y auraient introduit ainsi des traces de cuivre.

Je recommençai donc, en ne conservant dans mon laboratoire, comme appareil en cuivre, que le bec Bunsen qui servait à chauffer la capsule : et comme cela seul suffisait cependant pour m'inspirer encore des doutes, j'eus soin de faire alterner les incinérations des coques de cocons et des soies, faites les unes et les autres exactement dans les mêmes conditions, sur le même appareil. Je me disais avec raison, que si le cuivre trouvé dans les cendres de soie provenait d'un accident, j'en trouverais aussi dans les cendres des coques, obtenues en même temps que les premières.

(1) Afin de régénérer les carbonates détruits pendant la calcination.

J'obtins toujours des stries vertes avec les cendres de soie et n'en obtins jamais avec les cendres de coques.

Voulant enfin ne plus conserver l'ombre d'un doute sur la présence du cuivre dans la soie grége, je fis maintenir en ébullition pendant demi-heure l'eau d'une bassine (1) contenant dix litres : en ayant évaporé une certaine quantité, calciné le résidu et traité par le carbonate d'ammoniaque, j'obtins de magnifiques stries vertes, tandis qu'il me fut impossible d'en déceler la plus légère trace dans le restant de l'eau, après que j'y eu fait cuire et filer 100 gr. de cocons (2) dont la soie au contraire m'en montra de très-fortes, preuve qu'elle avait énergiquement absorbé le sel de cuivre primitivement contenu dans l'eau de la bassine.

Il est donc bien certain que le cuivre trouvé, existe dans la soie grége : il restait à le doser aussi exactement que possible, et c'est en effectuant cette opération par un procédé que je décrirai bientôt en détail, que je me trouvai en présence d'un autre métal tout aussi inattendu que le premier : je veux parler du plomb dont j'ai depuis constaté la présence dans toutes les soies gréges essayées (3), mais en quantité généralement plus faible que le cuivre.

En y réflechissant, la première surprise passe vite et l'on voit qu'il n'y a rien de plus naturel que la présence de traces de ces deux métaux dans la soie.

Le cuivre, en effet, provient toujours de la *bayonette* qui amène la vapeur dans la bassine, ou des appareils quelconques fabriqués avec ce métal et employés dans la filature. La soie sera plus ou moins riche, selon l'importance de ce métal dans l'atelier, ou mieux des ustensiles pouvant être mis constamment ou accidentellement en contact avec l'eau des bassines : c'est ainsi par exemple, que la soie la plus riche en cuivre que j'ai encore rencontrée, est filée cependant dans des bassines de terre... mais dont l'eau est presque toujours en contact avec des appareils non étamés et en cuivre.

Le second métal n'a pas une source moins naturelle que le premier ; il provient tout simplement du vernis intérieur des bassines, vernis toujours obtenu avec un sel de plomb lentement attaquable lui aussi par l'eau de la filature.

Avant de passer à la description du procédé suivi pour le dosage rigoureux de ces deux métaux, il nous faut voir la teneur en cendres de coques de cocons jaunes Cévennes et de la soie qui en provient.

(1) En marche normale et fortement chargée des sels terreux des chrysalides.

(2) Dont les cendres comme toujours avaient été trouvées exemptes de cuivre.

(3) A l'exception de celles qui sont filées dans les bassines en cuivre étamé et qui ne ontiennent pas de traces de plomb.

DOSAGE DES CENDRES DANS LES COQUES DE COCONS ET DANS LA SOIE GRÈGE

Afin que ces essais fussent rigoureusement comparables, on n'a employé que des cocons provenant d'une même chambrée et d'une même graine : on les a soumis à un triage sévère afin d'écarter tout cocon défectueux et l'on a ainsi composé un premier choix d'une aussi grande régularité que possible, et sur lequel on a fait les expériences qui suivent.

Une partie a été coupée de façon à obtenir les coques nécessaires pour les dosages de cendres : l'autre a été filée par la même fileuse, à la même température et à l'eau distillée claire ; enfin une troisième, à l'eau distillée chrysalidée.

CENDRES DE COQUES

Coques poids tel quel	Coques poids absolu	Cendres	°/₀
Gr.	Gr.	Gr.	
15.774	14.199	0.235	1.65
7.211	6.476	0.108	1.67
7.209	6.475	0.103	1.60
7.211	6.465	0.106	1.64
37.405	33.615	0.552	1.64

SOIE FILÉE A L'EAU CLAIRE

Soie telle quelle	Soie absolue	Cendres	°/₀
Gr.	Gr.		
21.580	19.530	0.152	0.77
25.030	22.675	0.168	0.74
26.535	24.015	0.206	0.85
25.865	23.408	0.162	0.69
28.652	25.930	0.223	0.86
23.155	20.922	0.161	0.76
150.817	136.480	1.072	0.78

SOIE FILÉE A L'EAU CHRYSALIDÉE

Gr.	Gr.	Cendres	°/₀
21.895	19.859	0.142	0.71
23.125	20.975	0.149	0.71
25.520	21.333	0.158	0.74
22.060	20.019	0.167	0.83
21.800	19.792	0.153	0.76
114.400	101.978	0.769	0.75

Au premier coup d'œil jeté sur ces tableaux, on remarque que les résultats donnés par les coques des cocons sont bien plus réguliers que ceux fournis par la soie grége : ce fait est dû à l'influence du plus ou moins grand nombre de cocons vieux déjà battus, qui sont entrés dans la composition du flotillon de soie incinéré.

Les deux faits les plus curieux sont les suivants :

1° La coque du cocon perd pendant la filature plus de la moitié des sels qu'elle contient ;

2° Cette perte ne diminue pas, même quand on file dans une eau déjà très-chargée des sels terreux et des matières grasses des chrysalides.

Il faut encore remarquer que les chiffres donnés plus haut ne sont pas absolus : la teneur en cendres des coques peut varier suivant la nature du sol où ont poussé les mûriers dont la feuille a servi à nourrir le ver ; il est, de plus, probable que des procédés de filature différents influeraient sur la perte faite à la bassine. Il ne s'agit dans les essais ci-dessus que des cocons jaunes Cévennes de la récolte 1878.

Dans nos régions, la proportion des cendres est généralement de 1.50 à 1,75 °/₀ pour les coques et de 0.72 à 0.90 pour les soies.

Je me suis encore demandé si les sels sont répartis uniformément dans les diverses couches soyeuses de la coque, où s'il en est d'eux comme de la gomme de soie (séricine) qui va en diminuant de la première à la dernière (1).

Il était facile de répondre à cette question, en divisant la coque en deux parties aussi égales que possible, *parallèlement* aux couches soyeuses et formant ainsi des lots qu'on incinerera à part.

(1) Voir: Etude chimique du cocon, 1875.

Les résultats sont consignés dans ce tableau suivant :

Moitié extérieure. Cendres °/₀	Moitié intérieure, Cendres °/.
—	—
1.66	1.64
1.65	1.63
1.66	1.62
1.63	1.60
1.66	1.60
1.65	1.61

La différence existante est négligeable, et l'on peut considérer que les sels sont uniformément répartis dans les diverses couches soyeuses: nous observons encore ici, que des résultats obtenus dans l'incinération des coques premiers choix, sont toujours d'une régularité remarquable , à tel point que deux ou trois dosages suffiraient pour être fixé.

Il nous reste maintenant à doser le cuivre dans les cendres obtenues (1) et à faire de celles-ci une analyse qualitative complète .

—————

(1) Elles ne contiennent pas de plomb, les cocons ayant été filés dans une bassine en cuivre étamé, dont l'étain est comme toujours enlevé en certains endroits.

II

DOSAGE DU PLOMB ET DU CUIVRE DANS LES CENDRES DE SOIE

De tous les procédés décrits dans les traités d'analyse et généralement usités dans les laboratoires pour le dosage du cuivre et du plomb, il n'y en a qu'un seul qui puisse nous servir dans le cas qui nous occupe : il est d'une simplicité et d'une exactitude remarquables, et n'exige pas une suite plus ou moins longue de manipulations, qui risquent d'introduire dans l'analyse des erreurs très-graves, quand on opère sur des quantités très-faibles de substance.

C'est en précipitant ces métaux par l'électricité que nous les séparerons des cendres qui les contiennent ; et si je décris cette méthode en détail, c'est parce que les traités d'analyse se bornent à l'indiquer rapidement et passent sous silence les précautions à prendre, sans lesquelles on risquerait de faire des dosages très-inexacts.

La disposition de l'appareil à employer peut être variée de bien des manières, puisqu'il s'agit tout simplement de faire passer un courant électrique dans la solution azotique des cendres ; mais celle à laquelle je donne de beaucoup la préférence, a été réalisée récemment par M. Riche, professeur de chimie à l'Ecole supérieure de pharmacie de Paris (1).

L'appareil se compose d'un grand creuset de platine dans lequel on met la solution à décomposer, et d'une feuille de platine formant une sorte de cône et pouvant être suspendue dans le creuset sans le toucher : le support est formé par une tige de verre plein assujettie dans une plaque de métal et sur laquelle se fixent au moyen de vis :

1° Un anneau en laiton doré dans lequel se place le creuset ;

2° Une tige de laiton, dorée aussi, et portant deux ouvertures dans lesquelles pénètre une vis : l'une permet de suspendre le cône dans le creuset ; l'autre reçoit le fil de cuivre communiquant avec la pile.

Enfin un bain-marie dans lequel plonge le creuset permet de chauffer la solution à une température déterminée et d'activer ainsi la précipitation des métaux.

Lorsque l'on veut doser le cuivre et le plomb dans la soie, il est bon de réunir les produits de plusieurs incinérations, de façon à opérer sur 0 gr. 900 environ de cendres : on les dissout au fur et à mesure dans l'acide nitrique, on recueille la solution dans un flacon et on y ajoute

(1) Voir *Annales de chimie et de physique*, 5ᵐᵉ série, tome XIII—1878.

l'eau de lavage qui a servi à débarrasser les capsules des dernières traces de substances. Lorsqu'on a ainsi dissous un poids suffisant, on filtre pour séparer les parties insolubles, on lave le filtre et on place la solution limpide dans un creuset, dans lequel passe le courant électrique, le pôle zinc étant en relation avec le cône, et le pôle charbon avec le creuset.

On a dans cette méthode d'analyse (et surtout avec un produit très ferrugineux comme les cendres de soie) deux accidents à redouter et qui peuvent fausser gravement les résultats : ce sont les suivants :

Si la solution est fortement chargée d'acide nitrique libre, les dernières traces de cuivre sont difficilement précipitées, même avec un courant électrique très-fort.

Si la solution ne contient pas suffisamment d'acide libre, on s'expose à obtenir sur le cône, au lieu du bel enduit rouge, un enduit noirâtre provenant des sels de fer contenus dans les cendres et qui se précipitant avec le cuivre, viennent en augmenter fortement le poids.

Ce dernier accident est surtout à craindre lorsqu'on opère à chaud : Riche indique pour l'éviter de ne pas chauffer au-delà de 70° c. l'eau du bain-marie dans lequel plonge en partie le creuset, ou bien d'opérer en solution ammoniacale. Lorsqu'on traite en effet la solution des cendres par un excès d'ammoniaque, on précipite le fer et les phosphates, tandis que le cuivre d'abord précipité, se redissout en donnant une liqueur bleue si sa proportion est un peu forte.

Mais, malgré tous les essais auxquels je me suis livré, je n'ai pu obtenir un enduit de cuivre rouge, adhérent, en électrolysant une solution ammoniacale : ce métal se précipite mal dans ces conditions, donne un enduit brunâtre, très-peu adhérent et l'on est exposé à en perdre lors du lavage du cône.

Le mieux serait de filtrer pour séparer le péroxyde de fer et les phosphates précipités, laver à fond le filtre, concentrer suffisamment la liqueur et y doser le cuivre en l'acidifiant par l'acide nitrique.

Mais on peut éviter cette filtration et ce lavage (d'autant plus désagréable, qu'on s'enlève la possibilité de doser le plomb, qui est resté avec le fer et les phosphates sur le filtre, en opérant exactement de la manière suivante :

On évapore doucement la solution azotique des cendres filtrées, jusqu'à ce que les phosphates commencent à se précipiter : on redissout dans la quantité exactement nécessaire d'acide, on ajoute de l'eau et deux centimètres cubes d'acide nitrique étendu (1 vol. acide : 2 vol. eau, ou 0 c. c. 6 d'acide concentré : on est ainsi certain de la quantité d'acide libre contenu dans la solution, de telle sorte qu'on n'a plus à craindre les deux accidents dont j'ai parlé, des expériences directes faites sur des liqueurs titrées m'ayant démontré qu'ils étaient évités en opérant comme je viens de le dire.

Comme source d'électricité, j'emploie des éléments Leclanché, à plaques de charbon agglomérées ; ils ont sur tous les autres l'avantage de ne pas s'user inutilement quand le circuit est ouvert, et de ne demander aucun soin : une fois montés il n'y a plus à s'en occuper, et l'on a toujours sous la main les appareils prêts à fonctionner.

Voyons maintenant ce qui va se produire dans le creuset, lorsque nous y aurons mis la solution nitrique des cendres (préparée comme il est dit ci-dessus) et que le cône préalablement pesé étant en place, nous l'aurons uni au pôle zinc (négatif), tandis que le creuset (1) sera uni au pôle charbon (positif) de trois ou quatre éléments Leclanche.

Les sels de plomb et de cuivre seront décomposés : l'acide et l'oxygène de la base se rendront au pôle positif, tandis que les métaux se précipiteront sur le cône au pôle négatif ; mais comme nous opérons en solution nitrique et à chaud, le plomb métallique ne peut se déposer dans ces conditions : il est transformé entièrement en bioxyde par une action secondaire et se précipite sur le creuset (pôle positif), le cuivre seul formant un bel enduit rouge sur le cône.

On voit donc que nous séparons du coup les deux métaux, et qu'à la rigueur une seule précipitation pourrait suffire pour les doser, si on pesait le creuset et le cône avant et après l'opération.

Je préfère cependant opérer en deux fois et obtenir à son tour le bioxyde de plomb sur le cône de la façon suivante :

Le cuivre étant précipité entièrement (2), (ce que l'on reconnaît en prenant une goutte de liquide et l'essayant avec l'acide sulfhydrique), on sort le cône du creuset sans interrompre le courant (3), on le plonge dans un vase plein d'eau distillée, et après deux ou trois passages dans ce liquide, on le sèche au bain d'air à 40/50° et on le pèse :

Le cuivre doit former un enduit rouge, brillant : s'il s'était oxydé en partie pendant la dessiccation, il faudrait le redissoudre et le représiter à nouveau.

C'est pendant qu'on sèche et pèse ce premier cône, qu'il faut en placer un autre dans le creuset et intervertir les pôles, en mettant par conséquent en relation avec le pôle positif, tandis que le creuset communiquera maintenant avec le pôle négatif.

L'enduit marron clair de bioxyde de plomb qui s'était formé sur le creuset se dissoudra d'abord, puis se reformera sur le cône; il n'y aura

(1) Le creuset est chauffé au bain-marie à 60/65° c.

(2) Il faut généralement 2 à 3 heures.

(3) Précaution très-essentielle pour éviter la redissolution des traces de cuivre.

plus qu'à sortir, laver, sécher et peser ce dernier ; le poids du bioxyde multiplié par 0,8661 donnera le poids du plomb métallique.

Les pesées se font sur une balance accusant nettement 1/10° de milligramme (1), et munie d'une disposition excessivement commode, qui permet de peser les milligrammes et leurs fractions sans ouvrir la cage, au moyen de petits cavaliers, en platine, qu'on manœuvre de l'extérieur.

Je dois appeler l'attention sur une précaution absolument indispensable, dans des pesées aussi délicates.

Il faut placer le corps à peser sur le plateau, une demi-heure environ avant d'en prendre le poids, afin qu'il se mette bien en équilibre avec l'état hygrométrique de l'air dans la cage : on doit, de plus, continuer à peser de quart d'heure en quart d'heure, jusqu'à ce que les deux pesées consécutives donnent absolument le même résultat, ce qui arrive presque toujours après deux pesées, si la première est faite comme je l'indique.

Il ne me reste plus qu'à donner comme exemple le dosage du cuivre et du plomb dans une soie Cévennes filée dans des bassines de terre ; et indiquer ensuite la teneur en cuivre des soies incinérées, dont il est question dans le chapitre premier.

DOSAGE DU CUIVRE ET DU PLOMB DANS LA SOIE X... JAUNE CÉVENNES

Soie incinérée poids absolue	Cendres	%
84 g. 625	1 g. 008	1.23

PRÉCIPITATION DU CUIVRE

CONE **A**

Avant   Après

16 g. 5064   16 g. 5083 $\left.\begin{array}{l} \\ \\ \end{array}\right\}$ Cuivre 0 g. 0019 $=$ 0 k.00224% kilog. soie
16 g. 5065   16 g. 5084   ou 2 g. 240 mill. % kilog. soie.
16 g. 5065   16 g. 5084

PRÉCIPITATION DU PLOMB

CONE **B**

Avant   Après

15 g. 3336   15 g. 3345 $\left.\begin{array}{l} \\ \\ \end{array}\right\}$ = Plomb 0 g. 0008 $=$ 0 k. 00094 g. % k. s.
15 g. 3336   15 g. 3344   ou 0 g. 940 mill. % k. soie.
....   15 g. 3344

(1) Construite par Collot frères : type à deux colonnes.

On comprend facilement,en voyant les quantités'excessivement faibles des métaux à doser pourquoi nous avons pris les précautions les plus minutieuses pour éviter des erreurs quelconques qui auraient une influence très-considérable,quelque petites qu'elles eussent été.

Il nous reste à voir la teneur en cuivre (1) des soies filées à l'eau claire et a l'eau chrysalidée dans la même bassine et par la même fileuse ; je ne fais qu'indiquer rapidement les résultats.

	Soie filée à l'eau claire	Soie à l'eau chrysalidée
Cuivre °/₀ k. soie :	0 k 0046 g.	0 k.0022 g.

L'eau de chrysalide a dù former un sel insoluble avec le cuivre et l'a ainsi soustrait à la soie, ou bien elle a empêché en partie l'attaque de la bassine, puisque la soie a absorbé moitié moins de cuivre dans un cas que dans l'autre.

Je me suis en dernier lieu demandé, si ces traces de métaux contenus dans les soies gréges, ne pouvaient pas avoir d'influence sur leur emploi : j'ai analysé, à cet effet, les soies Cévennes les plus diverses, classées à Lyon en 1ᵉʳ ordre et 2ᵉ ordre et n'ai pu découvrir aucune relation entre cette classification et la richesse de la grége en cuivre ou en plomb. Dans les unes comme dans les autres, j'ai constaté que le cuivre variait de 2 g. à 6 g. 500, et le plomb de 0 g. 560 à 0 g. 980 °/₀ k. de soie, poids absolu.

Il est donc certain (ce qui était du reste facile à prévoir) que les traces de métaux contenues dans la soie grége, n'ont pas de mauvaise influence sur l'emploi de cette dernière en Fabrique: si je me suis autant étendu sur eux et sur le procédé de dosage, c'est parce qu'il était curieux de constater leur présence qui avait jusqu'ici échappé à tous ceux qui ont analysé les cendres de soie.

ANALYSE QUALITATIVE DES SELS CONTENUS DANS LA COQUE DU COCON ET DANS LA SOIE GRÉGE QUI EN PROVIENT

Pour en finir avec l'étude des cendres, il nous reste à donner leur analyse : nous emploierons celles que nous avons obtenues au chapitre premier, avec des coques de soies jaunes Cévennes.

---

(1) Ces soies sont exemptes de cuivre parce qu'elles sont filées dans une bassine en cuivre étamé.

La marche suivie est décrite dans tous les traités d'analyse, et je me contenterai par conséquent d'indiquer rapidement les résultats obtenus.

Les cendres de coques contiennent :

Silicate (forte trace)
Carbonate (beaucoup)
Phosphate —
Sulfate (trace)
Chlorure —

} D'alumine, de fer. de chaux, de magnésie, de potasse et de soude.

Dans les cendres de soie on retrouve tous ces sels, sauf ceux qui sont solubles dans l'eau et qui sont naturellement restés dans la bassine ; s'ils existent sur la soie grége, ce ne peut être qu'à l'état de traces insensibles aux réactifs que le spectroscope pourrait seul déceler, et qui sont dues à l'eau emportée par le fil à sa sortie de la bassine.

On trouve en effet :

Silicate
Carbonate
Phosphate
Sulfate

} D'alumine, de fer. de chaux et de magnésie.

Il faut ajouter aux bases le cuivre et le plomb que nous avons sépar déjà (1).

Quant au manganèse indiqué par plusieurs auteurs je n'ai jamais pu le rencontrer dans les nombreuses analyses déjà exécutées : il est probable que le chimiste qui l'a indiqué le premier a eu affaire à une soie extraordinaire, ou bien qu'il a commis une erreur que les autres n'ont fait que copier.

---

(1) Les cendres de chrysalides, très-riches en phosphates, chlorure et sulfate de potasse, phosphate, carbonate, silicate de chaux, de magnésie et de fer, offrent cette particularité curieuse, qu'elles sont *entièrement privées d'alumine*, tandis que la soie qu'elles ont secrétée en contient beaucoup.

II.

EFFETS DES DISSOLVANTS NEUTRES ET DE L'ACIDE ACÉTIQUE

DOSAGE DE LA GOMME DE SOIE ET DE LA FIBROÏNE

Si l'on ouvre un traité quelconque de chimie, même des plus recents, à l'article « soie », on est surpris de voir que les analyses qu'on donne de cette substance remontent à 1837 (1), et que les auteurs se sont bornés à les copier les uns après les autres sans jamais songer à les contrôler. Ce fait est d'autant plus digne de remarque, que nous nous trouvons ici en présence d'analyses *d'une inexactitude très grande*, puisque des substances indiquées comme constituant la soie n'existent pas sur cette fibre, et que dans le dosage de la gomme et de la fibroïne, on assigne à cette dernière une proportion de 20°/₀ *environ en dessous de la vérité.*

Cramer est le seul chimiste qui, dès 1863, dans un travail très-bien fait, élève des doutes sérieux sur la précision des analyses de Mulder, et prouve que la soie ne contient pas trace d'albumine, tandis que le chimiste hollandais y en avait trouvé 24°/₀ environ : il soupçonne aussi une erreur dans le dosage de la gomme et de la fibroïne, mais ne cherche pas à la corriger.

Faire toucher du doigt mieux que je ne l'ai fait dans une étude antérieure (2), les erreurs commises par Mulder dans ce dosage de la gomme de soie et de la fibroïne ; indiquer les précautions à prendre pour faire un dosage exact ; mettre en lumière quelques faits assez curieux passés inaperçus jusqu'ici ; relever enfin quelques fautes, heureusement peu importantes, qui m'avaient échappé dans mon *Étude chimique du cocon*, parue il y a quatre ans, tel est le but du travail actuel.

Nous allons étudier d'abord l'action sur la soie des dissolvants neutres, eau, alcool, éther, et arriverons enfin à l'acide acétique, le plus important de tous.

(1) Voir : Poggend. Ann. 1836 et 1837, volumes 37 et 40 (et non 69 comme on l'indique à tort partout). Analyse de la soie par G. Mulder, de Rotterdam.

(2) Etude chimique du cocon, 1875.

EFFET DE L'EAU BOUILLANTE SUR LES MATIÈRES SOYEUSES

Par un traitement de quelques heures dans l'eau bouillante, la soie perd la substance gommeuse (séricine) qui recouvre et protége la fibroïne qui forme la partie centrale du fil, mais l'attaque varie, suivant qu'on opère dans un vase en verre ou en porcelaine : ce dernier fait, passé inaperçu jusqu'ici, provient de ce que le liquide bouillant devient fortement alcalin dans le premier cas, tandis qu'il reste parfaitement neutre dans le second.

On sait avec quelle rapidité le verre réduit en poudre fine est dissous par l'eau bouillante, mais on a prêté peu d'attention à la dissolution de ce même verre lorsqu'il est compacte et poli comme dans nos ballons ; si je m'étends un peu longuement sur ce fait, c'est parce qu'il a une grande influence sur l'attaque de la soie, et peut en avoir dans d'autres opérations chimiques où il a passé inaperçu.

Par une ébullition de demi-heure seulement dans un ballon, l'eau distillée qui était d'abord parfaitement neutre, a acquis une réaction alcaline prononcée, car le papier rouge qu'on y plonge bleuit presque instantanément, tandis qu'il reste inaltéré dans le verre témoin contenant l'eau pure. Le fait est le même qu'on opère avec un ballon vieux ou neuf, en verre blanc ou en verre vert, et je l'ai encore remarqué avec un récipient dans lequel je venais de maintenir pendant 135 heures de suite, de l'acide acétique pur à l'ébullition.

On ne peut donc attribuer cette attaque du verre par l'eau bouillante, à un excès d'alcali employé lors de sa fabrication, excès qui aurait certainement diparu dans la dernière expérience dont il vient d'être question : cette alcalinité de l'eau est due à la dissolution de traces de verre même, et l'effet de cette alcalinité viendra s'ajouter, comme nous le verrons tout à l'heure, à celui de l'eau bouillante dans laquelle nous aurons plongé la soie (1).

Le fait est facile à vérifier en traitant des coques de cocons par l'eau bouillante dans un ballon en verre et dans une capsule en porcelaine, disposés de façon à ce que le niveau du liquide se maintienne sans cesse constant pendant toute la durée du traitement. Cette condition est facilement remplie en employant un ballon à long col (70 centimètres) entouré d'un manchon en zinc dans lequel circule un courant d'eau froide : une tubulure bouchée à l'émeri permet d'introduire l'eau et les coques ; les vapeurs sont condensées dans le col refroidi et retombent sans cesse à l'état liquide dans le ballon.

---

1) Le papier de Tournesol du commerce ne vaut rien pour essayer la réaction de l'eau distillée : j'emploie toujours le papier préparé par la méthode de Mohr, et qui est d'une sensibilité exquise. Voir Mohr, traité d'analyse 2ᵉ édition française, 1875, page 713.

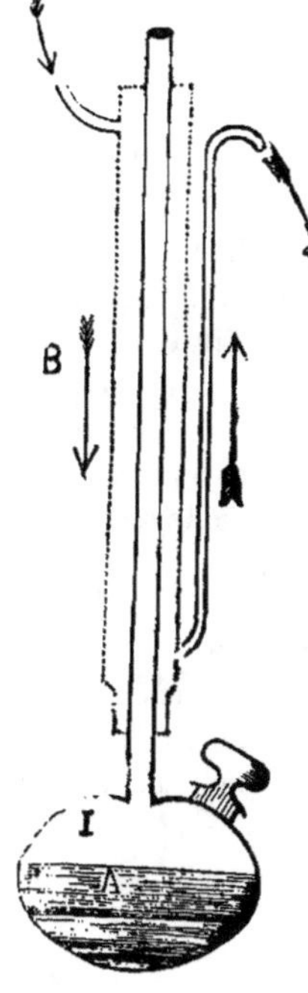

COUPE DU BALLON A LONG COL

A. Ballon en verre, à long col.

B. Manchon en zinc dans lequel circule l'eau froide.

I. Dépression destinée à obliger le liquide condensé à retomber au milieu du ballon, au lieu de suivre la paroi intérieure, ce qui le ferait casser.

COUPE DE L'APPAREIL EMPÊCHANT L'ARRÊT DU SIPHON

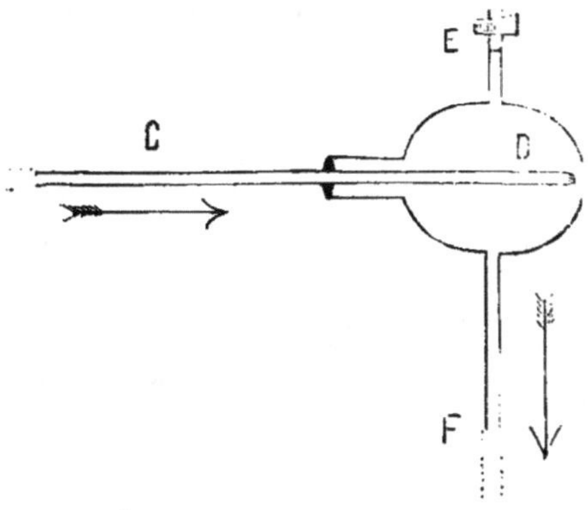

C. Branche allant au flacon de 10 litres.

D. Chambre qui est pleine d'eau au début.

E. Tubulaire formée par un caoutchouc et par laquelle sort l'air contenu en **D**, lors de la mise en train du siphon.

F. Branche plongeant dans la capsule en porcelaine.

Il est plus difficile de maintenir le niveau constant dans la capsule en porcelaine ; j'y suis parvenu en faisant plonger dans le liquide qu'elle contient la branche d'un siphon communiquant avec un flacon à deux tubulures, de 8 litres de capacité. La deuxième tubulure est traversée par un tube droit ouvert aux deux bouts et qui permet de régler le niveau de l'eau dans la capsule, en l'élevant ou l'abaissant suivant le cas.

L'eau contenue dans la branche du siphon qui plonge dans la capsule se chauffe surtout dans le voisinage de l'eau bouillante, et abandonne l'air qu'elle avait dissous : les bulles, d'abord très-fines, se réunissent, en forment une grosse, et la colonne étant rompue, le siphon cesse de fonctionner. Au bout d'un instant d'ébullition, l'eau de la capsule est chassée et la soie carbonisée.

J'évite cet inconvénient en ménageant au haut de la branche plongeant dans la capsule, une sorte de chambre destinée à recueillir l'air : elle est au début pleine d'eau ainsi que les branches du siphon, et on la trouve généralement au quart pleine d'air, après 15 à 18 heures de chauffage, mais cet air n'ayant pu rompre la colonne liquide, le siphon a toujours bien fonctionné.

Voici les résultats d'une expérience comparative, qui peuvent certainement varier avec la matière soyeuse employée, ou avec la régularité d'ébullition mais qui n'en sont pas moins assez intéressants.

On pèse à l'absolu 2 gr. 047 de coques jaunes que l'on met dans le ballon à long col, et 2 gr. 111 que l'on met dans la capsule ; les deux récipients contiennent chacun 500 c. d'eau distillée qu'on porte à l'ébullition.

Voici les notes qui ont été prises :

BALLON	CAPSULE
Après 15 heures	*Après 15 heures*
Eau se colore en jaune franc : précipité fortement par le tannin, *fortement alcaline*.	Eau à peine colorée : précipité fortement par le tannin, *parfaitement neutre*.
Coques dégommées : on change l'eau.	Coques dégommées : on change l'eau.
—	—
Après 15 heures	*Après 15 heures*
Eau incolore, *très-alcaline* ne précipite que très-peu par tannin : coques désagrégées au point qu'on ne peut les sortir avec un crochet. Il faut les recueillir sur deux filtres tarés à 120° dont l'un sert de témoin (1) à l'autre ; les coques sont comme pulvérisées ; n'ont plus du structure filamenteuse.	Eau incolore, *mais* trouble, très-faible par le tannin. Coques non désagrégées : on les retire avec un crochet : elles ont entièrement conservé leur structure filamenteuse. Les coques sont gris sale : ont perdu leur matière colorante sans que l'eau de la capsule se soit colorée.

La substance restant après le long traitement est pesée encore à l'absolu, et l'avait été après la 15ᵉ heure.

(1) Le filtre témoin suit le premier partout, et sa perte indique celle que doit avoir faite celui-ci : des filtres en papier pur, perdent de 1 à 4 milligrammes par lavage à l'eau bouillante, parce qu'ils ne sont jamais absolument purs.

Voici les résultats :

	BALLON	CAPSULE
	perte %	perte %
Après la 15e heure	34.5	20.3
Après la 45e heure	50.3	32.7

Cette expérience nous montre bien que l'attaque de la soie dans le ballon en verre est plus énergique que dans la capsule en porcelaine, quoique les expériences aient été exécutées dans des conditions absolument identiques ; les deux appareils étaient sur des fourneaux à gaz et des régulateurs Cavaillé Coll mettaient à l'abri d'un écart dans le chauffage. La perte si forte faite par les coques dans le ballon et surtout leur désagrégation qui oblige à les recueillir et peser sur des filtres, ne peut être attribuée qu'à l'alcalinité de l'eau, *puisque c'est là la seule donnée qui ait varié dans l'expérience.*

L'attaque des matières soyeuses par l'eau bouillante *est incessante*, même dans une capsule de porcelaine, ainsi qu'il est facile de s'en assurer en traitant de la fibroïne pure par ce liquide : on constatera des pertes variant de 2 à 4%, après 40 à 50 heures d'ébullition, en pesant à l'absolu la fibroïne, avant et après l'opération. Cette dissolution de la fibroïne doit, il me semble, être précédée d'une altération de cette substance, car si on évapore doucement à sec l'eau qui a servi à la traiter, *on obtient un résidu très-soluble*, qui diffère, par conséquent, à ce point de vue de la fibroïne même.

Le résidu qu'on obtient en évaporant à sec l'eau dans laquelle on a fait bouillir de la soie pendant plusieurs heures, est brillant, transparent, a tout à fait l'aspect de la gélatine et même ses réactions principales. Il est très-soluble en grande partie dans l'eau chaude, tandis qu'une portion plus ou moins forte refuse énergiquement de se dissoudre : ces deux faits m'avaient amené à conclure en 1875 que je n'avais en mains qu'un produit profondément altéré, car on ne voit pas bien pourquoi ce corps qui demande, alors qu'il est sur la soie et offre ainsi une surface très-grande à l'action de l'eau bouillante, un traitement de plusieurs heures pour se dissoudre, *devient si soluble* après en avoir été extrait, ni comment une partie de ce résidu qui s'était dissoute dans le premier traitement, *refuse de se dissoudre dans le second.*

Le poids du résidu laissé par l'eau bouillante qui a servi à traiter les matières soyeuses, correspond parfaitement à la perte indiquée par leurs pesées à l'absolu faites avant et après le traitement : il faut donc admettre que cette variation, dans la solubilité du résidu, n'est pas liée à une altération trop profonde, qui aurait eu très-probablement une influence sur son poids.

La preuve de ces différents faits est contenue dans l'expérience suivante prise comme exemple au milieu de plusieurs essais concordants, nous allons d'abord doser les impuretés contenues dans l'eau distillée qui va nous servir et nous verrons si ces impuretés augmentent par une longue ébullition dans la capsule en porcelaine.

RÉSIDU LAISSÉ PAR L'EAU DISTILLÉE

On en évapore 200 c. dans une capsule en platine, très-doucement et à l'abri des poussières :

$$\text{Capsule} \begin{cases} \text{Après} & 19 \text{ g. } 6366 \\ \text{Avant} & 19 \text{ g. } 6351 \end{cases}$$

Résidu :   0 g. 0015 = 0 g. 0075 pour 1 litre.

On remplit avec cette eau le grand flacon à deux tubulures qui communique avec la capsule en porcelaine dans laquelle sont 500 c. d'eau maintenu à l'ébullition ; on arrête l'expérience après 18 heures et on constate qu'il s'est évaporé 2 litres d'eau dont le résidu doit exister dans le liquide restant dans la capsule (1).

On évapore à sec dans une capsule de platine :

$$\text{Capsule} \begin{cases} \text{Avant} & 19 \text{ g. } 6652 \\ \text{Après} & 19 \text{ g. } 6502 \end{cases}$$

Résidu :   0 g. 0150 dans les 2 litres = 0 g. 0075 pour 1 litre.

Il est donc certain que la capsule en porcelaine n'a pas été attaquée du tout pendant cette longue ébullition, puisque le résidu de l'eau, avant et après, est absolument le même.

ATTAQUE DE LA SOIE PAR L'EAU BOUILLANTE

On recommence l'essai précédent, en mettant dans la capsule 5 g. 833 de coques blanches pesées à l'absolu ; l'ébullition dure 18 heures ; on les sort et repèse à l'absolu après les avoir laissé égoutter dans la capsule même.

Trois litres d'eau ont disparu, et leur résidu primitif s'est concentré dans les 300 c. de liquide, chargés de la gomme de soie qu'ils viennent de dissoudre.

(1) La capsule est munie d'un couvercle avec une ouverture par laquelle pénètre la branche du siphon.

$$\text{Coques} \begin{cases} \text{Avant} \quad 5 \text{ g. } 833 \\ \text{Après} \quad 4 \text{ g.} 572 = 1 \text{ gr. } 261 = 21.6 \text{ °/}_\text{o} \text{ perte.} \end{cases}$$

L'eau restante est évaporée à sec, au bain d'air à 95°/100°, dans une capsule en platine, qu'on a tarée à chaud et qu'on repèsera dans l'appareil servant à conditionner les soies : cette précaution est importante, le résidu étant hygrométrique et son poids variant pendant longtemps si on le pèse à l'air, à la façon ordinaire :

Capsule tarée à 120 degrés	Après	50 g. 131
	Avant	48 g. 846
	Résidu :	1 gr. 285
A retrancher celui de l'eau distillée, évaporée : (3 litres)		0 gr. 0225
Poids net à 120 degrés		1 g. 2625

Au lieu de 1 g. 261 indiqués par la différence des deux pesées des coques à 120° : l'accord est aussi grand qu'on pouvait l'espérer, et montre que le poids de la gomme avant dissolution, alors qu'elle entourait le fil de soie, est le même que lorsqu'elle a été dissoute et subi une transformation particulière, démontrée par les variations de sa solubilité dans l'eau.

La constitution chimique de la gomme de soie n'est pas encore connue, et cette étude ne pouvait guère être entreprise avec chance de succès avant les remarquables travaux de M. Schutzenberger sur les corps albuminoïdes ; aujourd'hui que l'illustre professeur du Collége de France a largement déblayé la voie, il serait fort à désirer que cette étude tentât un chimiste qui pût la mener à bien : outre le grand intérêt qu'elle aurait certainement au point de vue de la chimie pure, je serais fort surpris si elle n'avait pas d'importance sur les procédés de filature, ou sur la direction des recherches entreprises pour les améliorer.

TRAITEMENT PAR L'ALCOOL ABSOLU

C'est le ballon à long col décrit plus haut, qui va nous servir dans le traitement des matières soyeuses par l'alcool, l'éther et l'acide acétique : il permet, en effet, de maintenir pendant tout le temps qu'on le désire, la substance à traiter en présence du liquide bouillant, et n'exige pas, comme les autres appareils du même genre généralement employés dans les laboratoires, des bouchons en liége qui seraient légèrement attaqués par l'alcool et l'éther et très-énergiquement par l'acide acétique. Les produits provenant de l'attaque du bouchon ne risquent pas de fausser les résultats de l'analyse, en venant se mêler au dissolvant dont on fait usage.

A côté du ballon à long col, on dispose une cornue (1) destinée à la distillation de l'alcool ayant servi, et dans laquelle se trouvent en entier à la fin d'une expérience. les différents corps enlevés à la soie; afin d'être certain que cette dernière est entièrement débarrassée des substances solubles dans ce véhicule, il est bon de la traiter 4 à 5 fois par de l'alcool nouveau.

On doit donc après le premier traitement faire passer l'alcool du ballon dans la cornue, sans en perdre une goutte et sans sortir les matières soyeuses du ballon, remplir ce dernier d'alcool nouveau et commencer le deuxième traitement, pendant que le premier se distille. On répète cette opération quatre ou cinq fois et plus si on le désire.

L'alcool rend les coques de cocons excessivement raides, de telle sorte qu'elles sortiraient très-difficilement par la tubulure par où elles sont cependant entrées : il faut leur rendre leur souplesse en les lavant à plusieurs reprises avec 100 à 150 c. d'eau distillée, agitant et recueillant soigneusement l'eau de lavage : cela fait, on sort les coques avec un crochet de verre, on les laisse un instant à l'air sur des papiers à filtres. enfin on les repèse à 120° c. : cette pesée, comparée avec la pesée primitive, faite dans les mêmes conditions, indique la perte des matières soyeuses dans l'alcool, perte qu'on peut contrôler en pesant directement le résidu laissé par les dernières portions restant dans la cornue, et par les eaux de lavage faiblement alcoolisées , qui ont servi à assouplir les coques.

Lorsqu'on opère avec des coques de cocons jaunes, dont la matière colorante est si soluble dans l'alcool absolu, on remarque avec étonnement qu'elles ne se décolorent presque pas, même après de longues heures d'ébullition, et plusieurs renouvellements d'alcool, tandis qu'elles sont décolorées instantanément par ce liquide si on leur a préalablement soustrait, par l'eau bouillante , une partie de leur vernis ou gomme de soie. Il est donc permis de penser que ce dernier corps recouvre la matière colorante et la protége, grâce à son insolubilité absolue dans l'alcool.

La perte faite par les coques de cocons jaunes ou blancs, des diverses provenances étudiées jusqu'ici, est assez régulière et varie de 2.80 à 3.20 °/₀ du poids absolu; les coques jaunes perdent généralement un peu plus que les blanches. Nous allons voir l'effet de l'alcool sur des coques blanches Cévennes et aurons occasion d'étudier le résidu laissé par ce liquide.

(1) Le ballon et la cornue sont chauffés au bain-marie.

$$\text{Coques : poids absolu} \begin{cases} \text{Avant alcool} & \text{19 g. 301} \\ \text{Après alcool} & \text{18 g. 688} \end{cases}$$

$$\text{Perte} \quad \text{0 g. 613} = 3.17 \; 0\vert 0$$

1° Alcool 1 litre 1|2, ébullition 7 heures
2°   —   —   —   5 —   1|2
2°   —   —   —   8 —   1|2

Alcool restant dans la grande cornue quand on arrête la distillation ; 180 c.

Eau de lavage des coques 300 c.

RÉSIDU LAISSÉ PAR L'ALCOOL

Les 180 c. d'alcool dans lesquels est concentre le résidu total, sont jaune clair : à froid, une partie des corps dissous se précipite et se redissout à chaud.

On les évapore par petites portions dans une grande capsule de platine, ainsi que l'alcool pur bouillant, avec lequel on a eu soin de rincer à plusieurs reprises la cornue. Cette opération est délicate, car si on ne surveille pas avec soin le bain-marie sur lequel la capsule est placée, une ébullition brusque de l'alcool peut se produire, occasionner une perte, et l'expérience est manquée. On ne doit donc pas quitter la capsule des yeux et s'arranger de façon à ce que l'alcool disparaisse sans avoir bouilli.

$$\text{Capsule} \begin{cases} \text{Après} & \text{48 g. 848} \\ \text{Avant} & \text{48 g. 483} \end{cases}$$

Résidu laissé par l'alcool   0 g. 365

Ce résidu est marron foncé et a tout à fait l'aspect de la cire, est très-soluble dans l'alcool chaud, d'où il se précipite en partie à froid, fait observé déjà par plusieurs chimistes ; mais ce qui leur a échappé complètement c'est qu'il est formé de deux parties très-distinctes.

Si nous le traitons, en effet, par de petites quantités d'eau (50 c.) jusqu'à ce que ce liquide reste incolore et ne disolve plus rien, nous obtiendrons :

A, un résidu restant dans la capsule.
B, une solution dans l'eau.

Le résidu A, repris par l'alcool, donne une solution parfaitement *neutre* et inodore ; la solution B est *très-acide* ; évaporée à sec au bain-marie, exhale une odeur très-forte et insupportable de cocon renfermé portant fortement à la tête. Cet acide à odeur si désagréable n'a dû échapper aux chimistes que parce que ceux-ci ont étudié *la soie grége* filée, qui n'en contient plus que des traces, au lieu d'étudier le *cocon même*, qui seul représente *la soie* telle que le ver l'a secrétée.

On a pesé le résidu A et B;

Résidu laissé par l'alcool { A 0.145 insoluble dans l'eau { B 0 218 soluble dans l'eau.

	0.365
Résidu primitif	0.367

| Perte dûe aux manipulations où la votilisation de l'acide, lors de l'évaporation à sec; | 0.002 |

RÉSIDU LAISSÉ PAR L'EAU DE LAVAGE

L'eau de lavage est évaporée à sec, au bain-marie et le résidu pesé dès que la capsule est refroidie :

Poids du résidu total	0 g. 237
Impureté de 300 c. d'eau distillée	0 g. 002
Net	0 g. 235

Le résidu 'est grisâtre; aspect et toucher gras; très-peu soluble dans l'eau pure, soluble dans l'eau alcoolisée, employée dans le lavage des coques (1).

Résumé :

Par l'alcool absolu bouillant, suivi d'un traitement à l'eau alcoolisée, nous avons extrait des coques de cocon pesant à l'absolu 19,301.

1° Un corps cireux, neutre, insoluble dans l'eau	0.145=0.75 °⁄₀ de soie.
2° Un corps jaune, très-acide, soluble dans l'eau	0.2181=.13 —
3° Un corps gras, grisâtre, soluble dans l'eau.	0.235=1.21 —
Poids retrouvé	0.598=3.09 —
Poids primitif.	0.613=3.17 —
Perte	0.015=0.08

TRAITEMENT PAR L'ÉTHER

Les coques de cocon épuisées par l'alcool et lavées, ne cèdent plus rien à l'éther, et je n'aurais point parlé de ce dissolvant, si je n'avais

(1) Verser de l'eau pure sur les coques gorgées d'alcool absolu, c'est en effet les laver avec de l'eau alcoolisée.

voulu attirer l'attention sur fait assez curieux : Je veux parler de l'*augmentation de poids* de la fibroïne, après un traitement par l'éther.

On pèse à l'absolu 3 gr. 566 de fibroïne (obtenue par un traitement de coques pendant 55 heures dans l'eau bouillante et pendant 15 heures dans l'alcool) et on les plonge dans l'éther bouillant : on la retire 2 heures après, on la laisse un instant à l'air, et on en reprend le poids.

$$\begin{aligned}
\text{Avant} &\ldots\ldots\ldots\ldots\quad 3\text{ g. }566 \\
\text{Après} &\ldots\ldots\ldots\ldots\quad 3\text{ g. }670 \\
\hline
\text{Augmentation} &\ldots\ldots\quad 0\text{ g. }104 = 2.9\ ^o\text{/}_o.
\end{aligned}$$

L'éther ayant servi est devenu franchement acide, probablement à cause de l'oxydation de sa vapeur sans cesse condensée en présence de l'air dans le col du ballon. On remarque aussi que le poids absolu, après éther, se maintient constant même pendant 18 heures de chauffage à 120 degrés ce qui montre que le corps qui s'est formé résiste à cette température.

Cette augmentation de poids de la fibroïne, traitée par l'éther, a été observée constamment et je regrette de n'avoir pas pu chercher à isoler le corps qui causait cette augmentation . pressé que j'étais de poursuivre d'autres expériences.

RÉSUMÉ DES TRAVAUX DE MULDER. — OBSERVATIONS SUR SES ANALYSES DE SOIE

Avant de nous occuper du traitement de la soie par l'acide acétique nous devons exposer les résultats obtenus par Mulder au moyen de deux procédés d'analyse qu'il recommande pour le dosage des substances qui la constituent, et montrer les erreurs si grandes faites par ce chimiste.

Dans son premier Mémoire, paru en 1836 (Poggend. ann. vol. 37), Mulder recommande d'épuiser successivement la soie par l'eau bouillante, l'alcool, l'éther et enfin par l'acide acétique.

L'eau bouillante dont il dût continuer l'action pendant plusieurs journées, enlevait d'après lui, la gélatine, une petite partie de l'albumine et des matières grasses, qu'on retrouvait en évaporant le liquide et traitant le résidu d'abord par l'alcool puis par l'eau bouillante : le premier dissolvant lui enlevait les matières grasses ; le second dissolvait la gélatine en laissant l'albumine insoluble,

L'alcool bouillant dans lequel on plongeait ensuite la soie , s'emparait de la matière grasse qui restait. et dont le poids était ajouté à celui de la matière grasse extraite du résidu de l'évaporation de l'eau bouillante

L'éther enlevait encore à la soie une trace de substance graisseuse.

L'acide acétique bouillant dissolvait enfin l'albumine qu'on retrouvait *inaltérée* en chassant l'acide par la chaleur et *dont le poids correspondait parfaitement à la perte indiquée par les pesées de la matière soyeuse*, faites avant et après le traitement par l'acide.

J'insiste d'une façon toute particulière sur ce dernier paragraphe, car c'est sur le traitement direct des matières soyeuses par l'acide acétique et sur *l'inaltérabilité* du résidu obtenu en évaporant celui-ci, qu'est fondé le deuxième procédé d'analyse recommandé par Mulder dans son second Mémoire sur la soie, paru un an après le premier, en 1837. loco, citat. vol. 40). Je le transcris ici textuellement, car c'est sur lui que porteront surtout nos critiques.

« La méthode la plus prompte et la plus efficace pour analyser la « soie est la suivante :

« On la traite par l'acide acétique concentré : le résidu insoluble est « de la fibroïne pure qu'on lave à fond, jusqu'à disparition d'acidité.

« On évapore l'acide acétique et on le chasse en entier : le résidu « qu'il laisse est repris par l'alcool qui s'empare de la résine, de la graisse, « de la cire, et qu'on met de côté.

« Le résidu final n'est composé que de gélatine et d'albumine ; en « le traitant par un peu d'eau bouillante la gélatine se dissout et l'al- « bumine reste insoluble. »

On voit donc que ce procédé d'analyse, que Mulder indique tout-à fait à la fin de son second Mémoire, comme le dernier mot, par conséquent, des perfectionnements qu'il a du apporter au procédé primitif, repose en entier sur l'analyse du résidu obtenu en évaporant l'acide qui a servi à traiter la soie, résidu qui contient *inaltérés*, d'après lui, les corps qui entouraient la fibroïne, et dont le poids correspond parfaitement à la perte indiquée par deux pesées de la matière soyeuse, faites avant et après le traitement par l'acide acétique.

Voici enfin la composition de la soie jaune et blanche, telle qu'elle est indiquée dans son premier Mémoire et telle qu'elle est rapportée jusqu'ici dans tous les ouvrage traitant de la soie.

	soie jeune	soie blanche
Fibroïne	53.37 %	54.04 %
Gélatine	20.66	19.08
Albumine	24.43	25.47
Matière cireuse	1.39	1.11
— colorante	0.05	0.00
Graisse et résine	0.10	0.30
Soit en résumé :		
Fibroïne	53.37 %	54.04 %
Gomme de soie	43.63	45.69

Rappelons encore que Mulder insiste à plusieurs reprises dans ses deux Mémoires sur ce fait, que les divers traitements subis par la soie n'ont pu l'altérer et que les substances qu'il obtient comme résidu en évaporant les dissolvants employés, doivent être considérées *comme existant bien telles quelles sur le fil soyeux.*

Nous allons voir ce qu'il faut penser de ces affirmations du chimiste hollandais et de la valeur des résultats qu'il a obtenu.

1°

La GÉLATINE *dont Mulder trouve* 20 0[0 *environ sur la soie, ne peut se trouver telle quelle sur ce fil.*

Mulder voit qu'il lui faut traiter la soie plusieurs journées par l'eau bouillante, afin d'en extraire la partie soluble. et il ne prête aucune attention à la différence si grande qui existe, dans la solubilité du corps dissous, alors qu'il entoure encore la fibroïne et offre une énorme surface à l'action du dissolvant, ou lorsqu'il est obtenu comme résidu et offre au liquide une surface incomparablement plus petite. Schützenberger est le premier, qui dès 1867. dans son beau traité des *Matières colorantes* (1), attire l'attention sur ce fait, que la gélatine n'existe pas probablement toute formée sur le fil de soie, puisqu'elle demande un traitement très-long pour se dissoudre tout d'abord et qu'elle doit dériver d'un principe analogue à l'osséine. qui passerait peu à peu de l'état insoluble à l'état soluble, par la longue cuisson dans l'eau.

Je suis entièrement de cet avis : il est clair, que quand bien même la gélatine existerait telle quelle sur les cocons. elle ne pourrait se retrouver sur le fil de soie grège. obtenu par la cuisson de ceux-ci dans l'eau bouillante et leur dévidage dans l'eau maintenue à 80/85° ; elle resterait dans la bassine du filateur.

2°

*L'*ALBUMINE *dont Mulder trouve environ* 24.5 °/° *sur la soie, n'y existe nullement.*

Cramer est le premier qui ait eu l'idée de rechercher directement l'albumine. en opérant sur des coques de cocons n'ayant encore subi aucun chauffage : j'avais déjà exécuté des essais analogues avant d'avoir eu connaissance de ceux de ce chimiste, certain que si l'albumine existait dans la soie. on devait la rencontrer sous sa modification soluble dans l'eau, en employant pour les essais. des coques de cocons prises au sortir des magnaneries.

(1) Vol. I, page 165.

Les expériences de Cramer et les miennes donnèrent un résultat négatif : la solution obtenue par le traitement des coques fraîches dans l'eau à 35/40° c. ne précipite ni par le ferrocyanure de potassium acidifié par l'acide acétique, ni par l'acide nitrique, et ne se coagule nullement à 75/80° c.

L'on ne voit donc aucune raison permettant de nommer « albumine » la matière extraite et de croire à la présence de cette substance sur la soie puisque les réactions caractéristiques de l'albumine manquent complètement.

3"

Contrairement aux affirmations de Mulder, *le résidu laissé par l'acide acétique ayant servi à traiter la soie est un produit profondément altéré*, et dont le poids est *toujours très-supérieur à la perte réelle faite par les matières soyeuses*.

Devant les erreurs si visibles que nous allons relever, il est permis de se demander si Mulder a réellement constaté le poids du résidu laissé par l'acide acétique et s'il l'a analysé comme il le recommande dans son dernier procédé que nous avons copié textuellement.

Que la durée du traitement soit, en effet, de quelques minutes, comme dans la méthode que je donnerai plus loin, ou de quelques heures, comme l'exige (1) le procédé de Mulder, on obtient toujours en évaporant l'acide acétique un résidu dont le poids est bien supérieur à la perte réelle faite par les matières soyeuses ; mais dans le premier cas l'altération du résidu n'est pas très-visible, tandis que dans le second elle ne peut échapper au chimiste le moins exercé : nous allons les étudier successivement.

Dans le premier cas (traitement des matières soyeuses pendant un temps relativement court, et que je préciserai plus loin), l'acide, après ébullition avec la soie est blanc, trouble laiteux à froid, à cause des corps gras qu'il tient en suspension : le résidu qu'il laisse par évaporation (2) se présente sous la forme d'un corps très-peu coloré, transparent, qu'on peut scinder en deux parts à peu près égales par l'eau bouillante, l'une se dissolvant, l'autre restant insoluble.

Si on humecte ce résidu avec quelques gouttes d'acide acétique et qu'on chauffe, ou bien si on observe la capsule quelques instants avant que la dessication ne soit obtenue, dans l'évaporation primitive, on

(1) Je dis « exige » nous verrons bientôt pourquoi.

(2) On évapore au bain d'air à 95° maximum et on chauffe jusqu'à ce que le poids se maintienne constant à 1^{mm} près : il faut 18 à 22 heures pour évaporer 100 c.c. d'acide.

remarque qu'il se produit *une belle gelée transparente et presque incolore*, qui se fractionne en une multitude de petits amas, lorsqu'on a chassé l'excès d'acide par la chaleur.

Ce résidu est légèrement hygrométrique et demande dans sa pesée, les précautions habituellement employées dans les laboratoires pour ces sortes de substances.

Il est possible que ce résidu ne soit pas altéré trop profondément, mais ce qu'il y a de bien certain, c'est qu'il est d'un poids très-supérieur à la perte réelle faite par les matières soyeuses : quand les pesées de ces dernières indiquent, en effet, 26 à 27°$\lfloor_0$, le poids du résidu correspond à 32 ou 35°$\lfloor_0$.

Si après avoir épuisé ce résidu par l'eau bouillante on évapore à sec et qu'on repèse séparément la partie soluble et la partie insoluble , on s'aperçoit qu'on ne peut retrouver son poids primitif et que la perte est d'environ 10 °$\lfloor_0$. Cette perte ne peut être attribuée à des erreurs dans les manipulations, puisqu'elle se produit de même, *si on évapore simplement de l'eau sur le résidu primitif*, et sans toucher à la capsule une fois placée dans le bain d'air ; elle est due probablement au départ d'une portion de l'acide acétique retenu énergiquement par le résidu, peut-être sous la forme d'une combinaison définie.

Même après une dessication aussi forte que le permet sa nature de matière organique facilement altérable, le résidu donne toujours les réactions caractéristiques des acétates, avec l'acide arsénieux, ou avec l'alcool et l'acide sulfurique (1).

Il semble donc, au premier abord, que pour arriver à faire concorder le poids du résidu avec la perte réelle faite par la soie, il n'y aurait qu'à continuer les évaporations successives d'eau sur celui-ci.

Mais en opérant ainsi on s'aperçoit bien vite que ces dissolutions et dessications successives si elles contribuent au départ de l'acide acétique, altèrent aussi peu à peu le résidu, dont la perte est incessante et dont le poids finit par être *maintenant inférieur* à celui de la perte faite par la soie.

Dans le second cas (traitement de la soie pendant plusieurs heures par l'acide acétique bouillant) *qui est celui où était placé Mulder*, puisque pour obtenir un résidu dont le poids corresponde à une perte apparente de 44 à 45°$\lfloor_0$ de substances solubles, il faut maintenir l'ébullition pendant 14 ou 15 heures de suite , on remarque les faits suivants (2) :

L'acide acétique au lieu d'être blanc laiteux à froid est fortement

(1) J'ai maintenu 122 heures à 90° c. le résidu, sans qu'il variât de poids.

(2) La perte réelle est de 33 à 35 o$\lfloor$, dans ce second cas.

teinté en jaune (1) et bien moins opaque que le premier ; le résidu qu'il laisse forme un vernis jaune qui tapisse le fond de la capsule , ayant une forte odeur sucrée fade , rappelant celle de la mélasse ; il ne donne pas une gelée transparente (2). Si on le chauffe avec de l'acide acétique, il se redissout en partie et ses dissolutions jaunes deviennent de plus en plus foncées, preuve de son altération qui va en augmentant par le chauffage.

Au lieu de se scinder en deux parts à peu près égales par un traitement à l'eau chaude , il se dissout presque en entier en un liquide jaune couleur de bière, à mauvaise odeur, laissant seulement dans la capsule un résidu lamelleux , noirâtre , formant 15 °/₀ de son poids primitif.

Enfin, si on réunit le poids de la partie soluble et insoluble de ce résidu, après traitement par l'eau bouillante, on voit que la perte au lieu d'être de 10 °/₀ environ. s'élève dans ce cas. à 20 °/₀ ; sa diminution de poids par les évaporations successives d'eau est incessante jusqu'au moment ou son altération est devenue tellement profonde qu'il n'offre plus aucun intérêt.

Il est plus hygrométrique que le résidu obtenu dans le premier cas.

C'est pour n'avoir pas observé attentivement les faits qui précèdent que Mulder indique comme partie importante de la soie. un corps qui n'y existe nullement et qu'il commet une erreur de 20 °/₀ environ dans le dosage de la fibroïne. erreur sur laquelle nous reviendrons bientôt.

On comprend qu'il nous reste maintenant à décrire en détail les expériences sur lesquelles nous appuyons les critiques qui précèdent et que nous n'avons pas indiqué à leur place afin de ne pas interrompre à chaque instant nos observations.

---

(1) Il n'est question jusqu'ici dans ce travail que de la soie *blanche*. La matière colorante de la soie jaune aurait masqué l'altération du résidu, mais tout ce que je dis de la première s'applique encore à la seconde.

(2) Cette différence des résidus provient de ce que la substance d'abord dissoute. a été maintenue dans le liquide bouillant pendant plusieurs heures, *et non de l'attaque plus profonde de la soie, dans le second cas.*

EXPÉRIENCE I.

Le poids du résidu laissé par l'acide acétique ayant servi à traiter la soie pendant un temps relativement court, est bien supérieur à la perte réelle faite par les matières soyeuses.

On pése à l'absolu un flotillon de soie blanche obtenue par le dévidage de cocons Cévennes dans de l'eau distillée, maintenue aussi limpide que possible : on le fait passer ensuite dans deux cornues, contenant chacune 500 c. d'acide acétique pur, à 8° et bouillant : L'attaque dure quarante minutes dans chaque cornue.

On sort la fibroïne et on la lave à l'eau bouillante, qu'on met soigneusement de côté: il va sans dire que toutes ces manipulations doivent être faites avec le plus grand soin et que, si on perdait un peu de liquide, il faudrait immédiatement annuler l'expérience et la recommencer sans hésiter.

La fibroïne est pesée à l'absolu : ce deuxième poids comparé avec celui de la soie, fait connaitre *la perte vraie*, faite par cette substance dans l'acide acétique bouillant :

$$\text{Soie} \begin{cases} \text{Avant acide, poids absolu : 3 g. 995} \\ \text{Après} \quad — \quad — \quad — \quad \text{2 g. 896} \end{cases}$$

Perte: Substance dissoute: 1 g. 099=27 5 0 0

Nous allons doser les substances contenues :

    1° Dans les eaux de lavage ;
    2° Dans le premier acide ;
    3° Dans le deuxième acide.

1°

Eaux de lavage

Mesurées à froid. forment 695 c. c ; on en évapore 300c., très-doucement, au bain d'air chauffé a 85|88° c.

$$\text{Capsule} \begin{cases} \text{Après} \quad 65.000 \\ \text{Avant} \quad 64.988 \end{cases}$$

Résidu dans 300 c.   0.012=0.0278 d. 695 c.

2°

Premier acide

Mesuré à froid forme 395 c. — Est trouble, *blanchâtre*, à cause des corps gras enlevés à la soie, et qu'il tient en suspension (1) :
On en fait trois parts inégales.

$$A — 150 \text{ c.}$$
$$B — 215 \text{ c.}$$
$$C — 30 \text{ c.}$$

A, va nous servir à doser la substance dissoute ; *C* est conservé comme témoin afin de constater l'aspect de cet acide primitif dans la troisième expérience. où nous emploierons la portion *B*.

A

Les 150 c. sont évaporés au bain d'air à 90" ; la capsule en platine est placée sur une sorte de couronne en liége, afin d'éviter le contact direct avec des parties métalliques du bain d'air, et la surchauffe qui en serait la conséquence : elle est comme suspendue au milieu du courant d'air chaud. L'étuve est chauffée au gaz et munie d'un régulateur à mercure Schlœssing, modifié par Raulin.

Quinze heures après, on remarque dans la capsule un amas volumineux de *gelée transparente*, *incolore* et *très-mobile*, qui finit par se diviser en une multitude de petits amas, au fur et à mesure que la dessication augmente.

Après 20 heures de séjour dans le bain d'air, on pèse la capsule : le résidu est grisâtre et n'a pas l'air trop altéré :

$$\text{Première pesée} \left\{ \begin{array}{l} 49 \text{ gr. } 358 \\ 49 \text{ » } 357 \end{array} \right.$$

On remet au bain d'air pendant 4 heures 1 2.

$$\text{Deuxième pesée} \left\{ \begin{array}{l} 49 \text{ gr. } 340 \\ 49 \text{ » } 342 \end{array} \right.$$

On remet encore au bain d'air pendant 7 heures.

$$\text{Troisième pesée} \left\{ \begin{array}{l} 49 \text{ gr. } 340 \\ 49 \text{ » } 341 \end{array} \right.$$

(1) Si l'on traite en effet par l'acide acétique les matières soyeuses épuisées préalablement par l'alcool bouillant, l'acide reste parfaitement limpide à froid, même lorsqu'il a dissous un poids de gomme de soie, bien supérieur à 1 gr. 500.

C'est ce dernier poids qu'on considère comme exact , nous aurons
donc :

$$\text{Capsule} \begin{cases} \text{Après.} & 49 \text{ gr. } 341 \\ \text{Avant, tare} & 48 \text{ } \text{ } 840 \end{cases}$$

Résidu dans 150 centigr.   0 gr. 501
Impuretés dues à l'acide ou à l'attaque
du verre (1)   0 gr 008

Résidu net, D   0 gr. 493 = 1 gr. 298
pour les 395 cc. primitifs.

Voilà donc le résidu laissé par le premier acide, qui est *supérieur à
lui seul* à la perte *réelle* faite par la soie, et l'on ne peut objecter que
nous n'avons pas assez chauffé, car le poids s'est maintenu constant
après les 7 dernières heures passées dans le bain d'air à 90° : on pourrait, il est vrai, chauffer à 110 ou 120° ; mais alors le résidu donne-
rait des signes visibles d'altération, allant sans cesse en augmentant ,
*et il n'y aurait aucune raison valable pour s'arrêter dans les pesées
au poids correspondant exactement à la perte vraie faite par la soie,*
en admettant qu'on pût y arriver.

Nous nous occuperons plus loin du traitement de ce résidu D par
l'eau chaude : traité par l'acide arsénieux ou par l'alcool et l'acide sulfurique, il donne les réactions caractéristiques des acétates , preuve
qu'il retient énergiquement de l'acide acétique.

3°

Deuxième acide

L'ébullition a commencé dans la deuxième cornue avant qu'on pût y
faire passer la soie ; aussi une assez grande partie de l'acide avait-il
déjà distillé.

Mesuré à froid, fait 312 cc.

On en évapore 100 cc. avec les mêmes précautions déjà décrites.

$$\text{Capsule} \begin{cases} \text{Après,} & 65 \text{ gr. } 041 \\ \text{Avant,} & 64 \text{ gr. } 994 \end{cases}$$

Résidu :   0 gr. 047
Impuretés dues à l'acide et à l'attaque
du verre   0 gr. 011

Résidu net :   0 gr. 036 = 0 gr. 112 pour
les 312 cc.

---

(1) Déterminées par un essai direct fait sur l'acide et les cornues servant dans ces
expériences.

RÉSUMÉ

Résidu de l'eau de lavage	0 gr. 0278
Residu du 1er acide	1 gr. 2980
Résidu du 2me acide	0 gr. 1120

Perte *apparente* faite par la soie	1 gr. 4378 $=$ 35.98 % k. soie
Perte *réelle*	1 gr. 0990 $=$ 27.50 % k. —
Différence	0 gr. 3388 $=$ 8.48 % k —

TRAITEMENT DU RÉSIDU D PAR L'EAU

Ce résidu, pesant brut 0 gr. 501 est traité par l'eau chaude qu'on renouvelle et qu'on filtre à travers deux filtres pesés à 120° dans l'appareil à conditionner la soie, et dont l'un sert de témoin à l'autre ; on les lave et repèse à 120"

Filtre n° 32		*Témoin, filtre n° 33*	
+ résidu insoluble	1.099	Avant: 1.132	Perte : 0.003
1 gr. 078, filtre, tare	1.075	Après: 1.129	
Résidu resté sur le filtre	0.024		

Le filtre témoin ayant suivi le premier partout, étant coupé dans la même feuille de papier pur, et ayant perdu 0.003 pendant la filtration et le lavage, j'admets que le filtre sur lequel est restée la substance insoluble a perdu aussi 0.003 de son poids primitif ; la tare devient donc 1 g. 075 au lieu de 1. gr. 078.

La majeure partie du résidu D, insoluble dans l'eau chaude est restée dans la capsule qu'on sèche et pèse :

Capsule	+ résidu :	49 gr. 013
	Tare :	48 gr. 840
Partie insoluble		0 gr. 173
+ résidu resté sur le filtre		0 gr. 024
Total :		0 gr. 197

La solution du résidu D est jaune très-clair, acide et laisse un résidu pesant 0 gr. 261.

Nous avons donc :

Partie soluble dans l'eau	0 gr. 261
Partie insoluble dans l'eau	0 gr. 197
Perte	0 gr. 043
Résidu D, brut :	0 gr. 501

Si nous tenons compte des 0 gr. 008 d'impuretés dues à l'acide acétique et à l'attaque du verre, qui doivent se retrouver dans le résidu de la partie soluble dans l'eau (réduite ainsi à 0 gr. 253), et si nous calculons d'après les données ci-dessus comment se serait scindé le résidu net total, pesant 1 gr. 4378, nous aurons :

Partie soluble dans l'eau :	0.738 $=$ 18.40 0/0 de soie
Partie insoluble dans l'eau :	0.574 $=$ 14.30 0/0
Perte :	0.1258
	————
	1.4378

On voit donc que, malgré la perte faite par le résidu, le poids retrouvé est encore bien supérieur à la perte réelle faite par la soie dans l'acide acétique : nous allons voir ce qu'on obtient, quand au lieu d'une perte *apparente* de 35.98 °/₀ on prolonge l'action de l'acide jusqu'à ce qu'on ait un résidu correspondant à une perte *apparente* de 44|46 °/₀, comme l'indiquent les analyses de Mulder.

EXPÉRIENCE II.

Le résidu laissé par l'acide acétique ayant servi a traiter la soie pendant plusieurs heures, est profondément altéré et d'un poids bien supérieur à la perte faite par les matières soyeuses.

Un flotillon de soie identique à celui qui nous a servi dans l'expérience I est traité par 460 c.c. d'acide acétique pur, à 8° et bouillant dans un de nos ballons à long col : on maintient l'ébullition pendant 16 heures ; on sort la fibroïne avec un crochet de verre. on la lave à fond et on la pèse à l'absolu.

Soie à l'absolu	Avant acide	3 gr. 460
	Après	2 gr. 222
		————
Perte vraie :		1 gr. 238 $=$ 35.8 0/0

L'acide au lieu d'être blanchâtre, est nettement coloré en jaune : à froid mesure 450 c. c.

On en évapore . toujours avec les mêmes précautions déjà décrites, 100 c. c.; le résidu est difficile à peser à cause de la rapidité avec laquelle il absorbe l'eau contenue dans l'air: il ne forme pas de gelée avec l'acide acétique.

Capsule { Après évaporation 65 gr. 362 / Taré à vide   64 gr. 984

Résidu brut, **E** :   0 gr. 378 (1)
Impuretés dues à l'acide et à l'at-
taque du ballon.   0 gr. 015

            Résidu net.   0 gr. 363 = 1.611
pour les 450 c.

Ce résidu est *jaune foncé, très-luisant, à odeur fade sucrée :*
Les eaux de lavage évaporées en entier laissent un résidu de 0 gr. 062 : nous aurons donc :

RÉSUMÉ

Acide ; résidu net :   1 gr. 611
Eaux de lavage :   0 gr. 062

Perte apparente :   1 gr. 673 = 48.35 0|0 de soie.
Perte vraie :   1 gr. 238 = 36.80 0|0   —

En plus :   0 gr. 435

TRAITEMENT DU RÉSIDU E PAR L'EAU CHAUDE

Les résultats donnés par le traitement du résidu E par l'eau chaude, doivent être mis en regard [de ceux qu'a fourni le résidu D dans les mêmes conditions.

J'ai indiqué dans la première expérience les détails de l'opération et me contente d'indiquer ici rapidement les résultat : j'observe seulement que le résidu se dissout presque en entier et donne une solution jaune foncée. *à odeur très-désagréable.*

Poids du résidu brut, avant traitement par l'eau : 0 gr. 378 :

Partie soluble :   *a*   0 gr. 246
Partie insoluble :   *b*   0 gr. 056
Perte :   *c*   0 gr. 076

            Résidu E :   0 gr. 378

Si nous tenons compte de 0.015 d'impuretés dûs à l'acide et à l'attaque du ballon et qui doivent se retrouver dans le résidu A (réduit ainsi à 0.231 net) et si nous calculons d'après ces données, comment se serait scindé le résidu net total pesant 1.673 nous aurons :

Partie soluble de l'eau ;   1 gr. 064 = 30.7 0|0 de soie.
Partie insoluble :   0 gr. 355 = 10.3 0|0   —
            Perte :   0 gr. 253

                               1 gr. 673

(1) Ce résidu donne aussi les réactions caractéristiques des acétates avec l'acide arsénieux ou avec l'alcool et l'acide sulfurique.

On voit donc que *même après la perte si grande* faite dans le traitement du résidu par l'eau chaude, *le poids des substances retrouvées est* 1 gr. 420, bien supérieur encore par conséquent au poids réellement perdu par la soie, et l'on ne peut comprendre comment ces divers faits *et surtout l'altération si profonde du résidu*, ont pu échapper à Mulder.

Les différences si grandes qu'on remarque entre les résidus D et E proviennent de ce que dans l'expérience II, la substance d'abord dissoute par l'acide, est restée en contact avec lui à l'ébullition pendant 16 heures, et non, ainsi qu'on pourrait le supposer, de ce que dans le second cas l'attaque de la soie a été plus profonde : la preuve de ce fait se trouve dans l'essai suivant.

EXPÉRIENCE III.

Nous avons fait trois parts de l'acide acétique qui nous à servi dans la première expérience : la première A (150 c.), nous a servi à doser le résidu et à étudier l'action de l'eau chaude sur ce dernier. C (30 c. c.) est conservée comme témoin : B (215 c.) va nous servir à montrer l'altération de la substance dissoute, sous l'influence de l'ébullition.

On la maintient pendant 15 heures 1[2 à l'ébullition dans un de nos ballons à long col ; de blanchâtre qu'elle était au début elle devient limpide et nettement colorée en jaune ; évaporée à sec et le résidu étant traité exactement comme le résidu A, on obtient une solution jaune foncée , à odeur très-désagréable et un résidu lamelleux , noirâtre , très-faible.

Ce résidu des 215 c. a donc perdu ses propriétés et son aspect primitif, pour prendre par une longue ébullition dans l'acide acetique , toutes les propriétés du résidu E; et l'on ne peut objecter ici l'attaque plus profonde de la soie, car on s'est contenté de maintenir plusieurs heures à l'ébullition l'acide chargé de la substances dissoute.

Les expériences que je viens de rapporter, ont été contrôlées bien souvent avant d'être publiées, et je suis certain qu'elles seront confirmées par tous ceux qui voudront bien prendre la peine de les répéter soigneusement ; non pas bien entendu, qu'on retrouve exactement les mêmes chiffres que moi, puisque ces expériences portent sur un produit dont l'altération peut être plus ou moins profonde, mais on constatera certainement l'exactitude des faits principaux, qui montrent combien les analyses de Mulder sont erronées : je veux parler du poids du résidu toujours supérieur à la perte réelle faite par la soie et de l'altération profonde de ce résidu, *sur l'étude duquel Mulder base en entier son dernier procédé d'analyse des soies.*

ANALYSE DU COCON ET DE LA SOIE

Quand en 1872, afin de suivre de près une expérience de filature je dûs me préoccuper du dosage de la fibroïne contenue dans des soies filées par des procédés différents, je me trouvai en présence des travaux les plus contradictoires.

Tandis qu'il résultait en effet des analyses de certains chimistes, que la soie grége contenait 66 % environ *de fibroïne*, d'autres n'indiquaient que 50 % c'est-à-dire encore moins que n'en avait trouvé Mulder : aucun d'eux du reste, ne s'était attaché à résoudre d'une manière exacte la question que j'avais en vue, parce que son importance ne les avait pas frappés, mais surtout parce qu'ils poursuivaient directement leur but, qui était l'obtention de la fibroïne par un moyen quelconque, afin d'étudier ses réactions et sa constitution chimique Je dûs donc entreprendre des essais méthodiques afin d'arriver à séparer aussi exactement que possible les deux corps qu'il m'importait de doser.

Le premier fait qui frappe, lorsqu'on essaie de dissoudre la gomme de soie dans un liquide acide ou alcalin *même très-étendu* (et qui explique en même temps les divergences des résultats trouvés par les autres chimistes) c'est que le dissolvant qui s'empare de celle-ci, attaque aussi la fibroïne plus ou moins profondément et d'une manière incessante, suivant la concentration du liquide et la durée du traitement : c'est ainsi que ceux qui trouvent 50 0⁄0 seulement de fibroïne dans la soie, auraient parfaitement pu ne pas s'arrêter en si beau chemin, car ces 50 0⁄0 de matière insoluble qu'ils ont obtenus auraient continué a être attaqués par les dissolvants dont ils ont fait usage.

Il est très-facile de se rendre compte de l'action des dissolvants en ayant soin d'opérer par *traitements fractionnés* courts mais d'une durée aussi régulière que possible et pesant la substance soyeuse à l'absolu après lavage complet et après chaque opération. Je prendrai comme exemple l'acide acétique pur à 8 degrés et bouillant, parce que c'est avec lui que la marche de la dissolution est très-nette et surtout parce qu'il nous permettra de mettre en lumière l'altération de la *fibroïne*, sous l'influence du chauffage à 120°, et donner une idée des difficultés toutes particulières qu'on rencontre dans l'analyse immédiate d'une substance dont les différentes parties *ont une composition chimique presque identique* et sont aussi facilement altérables.

EFFET DE L'ACIDE ACÉTIQUE SUR LA SOIE

L'opération s'effectue dans un des ballons à long col, contenant 500 c. c. d'acide acétique pur, à 8° et bouillant ; on y plonge la soie pendant *dix minutes*, on la retire avec un crochet de verre, on la lave à fond et on la repèse à l'absolu après chaque traitement. On emploie de la soie blanche provenant du dévidage des cocons blancs Cévennes, dans l'eau d'une bassine *en marche normale*.

Premier traitement :

      Avant : 4 gr. 284   Perte
      Après : 3 gr. 420   0.864

Deuxième traitement :

      Avant : 3 gr. 420
      Après : 3 gr. 288   0.132

Troisième traitement :

On change l'acide qui est fortement trouble, blanchâtre, à froid : ce troisième traitement s'effectue donc dans de l'acide nouveau.

      Avant : 3 gr. 288
      Après : 3 gr. 260   0.028

Quatrième traitement :

      Avant : 3 gr. 260
      Après : 3 gr. 240   0.020 = 24.37 0|0

Cinquième traitement .

      Avant : 3 gr. 240
      Après : 3 gr. 236 =   0.004 perte.

Sixième traitement :

      Avant : 3 gr. 236
      Après : 3 gr. 231 = 0.005 perte.

A partir du cinquième traitement on a remarqué quelques rares flocons insaisissables de fibroïne, flottant dans les eaux de lavage ; au septième et suivants on filtre les eaux ayant servi à laver la fibroïne et on recueille ces filaments sur deux filtres tarés à 120°, dont l'un sert de témoin à l'autre.

Septième traitement :

Avant 3.231

Après { fibroïne   3.225
      { filaments   0.002   3.227 = 0.004 perte (1).

On a continué ainsi jusqu'au vingtième traitement en recueillant toujours les filaments des eaux de lavage, dont le poids aurait été compté sans cela comme substance dissoute : la perte a variée de 0 gr. 006 à 0 gr. 008.

Septième au vingtième :

Avant 3.225

Après { fibroïne   3.105
      { filaments   36   3.141 = 0.084 en 13 traite-
                                          ments frationnés.

Etant donné la marche de la dissolution, il me parait certain qu'a-près le 4ᵉ traitement toute la partie réellement soluble dans l'acide avait disparu et que la perte régulière et incessante constatée aux traite-ments ultérieurs n'est due qu'à l'attaque de la fibroïne même, attaque rendue plus facile par les chauffages successifs auxquels nous avons été forcé de la soumettre, afin de la peser à 120″.

Cette altération peut se démontrer par deux expériences faites d'une manière fort différente.

Du 5ᵉ au 20ᵉ traitement, soit en 160 minutes, la fibroïne a perdu 0 gr. 097 en substances dissoutes (2), 0 gr.006 en moyenne pour chacun d'eux : elle a été chauffée 16 fois à 120″, et 3|4 d'heure à 1 heure à chaque fois.

On maintient à 120″ la fibroïne restant après le 20″ traitement, de 5 heures du soir à 10 heures du matin = 16 heures, et on la retraite pendant 10 minutes dans l'acide qui servait la veille.

Vingt-unième :

Avant 3.105

Après { fibroïne   3.072
      { filaments   0.009   3.081
                               ――――
                               0.024 perte.

(1) Exemple des pesés des filtres à 120° :

	N. 18		N. 19
+ Filaments :	1.374		Témoin :
Tare (1.375) :	1.372		
	―――		Avant : 1.391 — Après : 1388.
Filaments :	0 002		Perte : 6 003.

(2) Qui auraient dû, nous semble-t-il, être enlevées en entier au 5ᵉ traitement, si elles avaient consisté en gomme de soie.

Vingt-deuxième :

Avant 3.072

Après { fibroïne 3.063
{ filaments 0.002   3.065 = 0.007 perte.

Sur les 0.024 perdus au 21ᵉ traitement, il est donc permis de supposer que 0.017 au moins sont dûs au chauffage continu de la fibroïne ce qu'on peut démontrer encore d'une manière indirecte.

Les 3 gr. 063 de fibroïue sont remis dans l'acide acétique et on maintient l'ébullition pendant 75 heures de suite : à partir de la 30ᵉ heure la fibroïne est comme pulvérisée, *elle a perdu toute structure filamenteuse* et remplit tout le ballon de filaments excessivement fins.

On recueille le tout sur deux filtres, on lave à fond et pèse à l'absolu.

Vingt-troisième :

Avant :   3 gr. 063
Après :   2 gr. 252

————————

Perte :   0 gr. 811 = en 75 heures.

Tandis que si nous calculons le temps qu'il aurait fallu pour dissoudre cette même quantité en opérant comme plus haut, nous voyons qu'il n'aurait fallu que 20 heures environ.

La fibroïne pulvérisée dans l'acide acétique, s'est moulée sur le filtre et forme une masse très-légèrement grisâtre et feutrée. On en prélève 2 gr. 117 qui sont remis dans le ballon avec de l'acide nouveau et on reprend l'ébullition qu'on maintient pendant 68 heures :

Vingt-quatrième :

Avant :   2 gr. 117
Après :   1 gr. 505

————————

Perte :   0 gr. 612 = 0.651 pour les 2 gr. 252.

On n'a pas poussé plus loin l'expérience : nous avons dissous environ 61 ⁰/₀ du poids primitif de soie. et il ne nous reste en main que 39 ⁰/₀ de fibroïne.

J'ai eu cependant la curiosité de voir si le poids du résidu d'évaporation de l'acide acétique ayant servi dans le 24ᵉ traitement *où il n'a pu dissoudre que de la fibroïne*, correspondrait à la perte indiquée par les deux pesées, ou bien s'il lui était supérieur.

On l'a donc évaporé au bain d'air à 80 90⁰ et pesé le résidu à plusieurs reprises.

Capsule $\left\{\begin{array}{l}\text{+ résidu} \\ \text{Tare}\end{array}\right.$ ..... 49.512 / 48.771

Résidu de l'acide :	0 741
Résidu des eaux de lavage :	0 028
Total	0.769
Attaque du verre et impureté de l'eau distillée	0.017
Résidu net	0.752

Il est donc supérieur de 0.140 à la perte vraie.

Il semble à première vue qu'il serait facile de doser la gomme de soie et la fibroïne, en traitant directement la soie par l'acide acétique et en maintenant l'attaque juste le temps nécessaire pour dissoudre la première temps qui serait déterminé par des essais antérieurs), et qui serait par exemple dans le cas que j'ai choisi, de 40 minutes environ.

Mais quand on essaie ce procédé *sur une même soie*, on ne tarde pas à voir qu'il laisse à désirer et que la dissolution est souvent irrégulière et dépend de la grosseur du faisceau, de la facilité plus ou moins grande avec laquelle il peut être attaqué jusqu'au centre, de l'ébullition calme pendant laquelle la soie reste en place, ou de l'ébullition rapide pendant laquelle elle est promenée vivement dans tout le liquide, et je dûs y renoncer et m'arrêter au procédé que j'emploie depuis quelques années et dont il va être question.

Le procédé que je vais décrire pour la séparation de la gomme de soie et de la fibroïne n'est autre, sauf de légères modifications, que celui que j'ai déjà publié en 1875, et qui me permit de mettre en lumière quelques faits assez curieux, touchant la répartition inégale de la fibroïne dans les diverses couches soyeuses du cocon, et la différence qui existait entre la coque et la soie qu'on en tirait. Il a l'avantage d'avoir été soigneusement contrôlé par un des grands industriels et chimiste de Lille que ces questions intéressaient, et qui a pleinement confirmé l'exactitude des résultats que j'avais obtenus : M. Alfred Renouard, fit de ce contrôle l'objet d'une communication au congrès du Hâvre, et a bien voulu donner une large place à mon étude, dans sa dernière publication sur les arts textiles (1).

Le voici, tel que je l'emploie depuis trois ans dans mon laboratoire :

1° On traite la matière soyeuse par deux bains de savon pur : la

____

(1 Voir : *Association française pour l'avancement des sciences*, 1877, page 951. — *Les arts textiles*, pages 2 à 10, 1878.

durée de chaque bain est d'une demie heure et il renferme en savon sec deux fois le poids des coques quand il s'agit d'analyser ces dernières, et une fois seulement le poids de soie.

Cette différence tient à la structure compacte des coques, qui les rend plus difficilement attaquables.

2°. Le matière soyeuse lavée à fond avec de l'eau distillée bouillante, passe dans deux cornues tubulées et bouchées à l'émeri, et contenant chacune 500 cc. d'acide acétique pur et bouillant : la durée de chaque traitement est de 5 minutes, temps que des traitements fractionnés on fait reconnaître suffisant pour que la fibroïne soit dépouillée du *corps gras* (1) *et des dernières traces de substance gélatigène* qu'elle retient énergiquement, sans cependant qu'elle soit attaquée elle-même d'une manière appréciable.

On lave enfin la fibroïne au sortir de la deuxième cornue et on la pèse à l'absolu. Son poids comparé avec celui de la soie, fait connaître la perte totale faite, en sels minéraux, matière colorante, corps gras et substance gélatigène, qui formaient ensemble le vernis ou *gomme de soie* : elle ne cède rien à l'alcool bouillant, et se comporte avec tous les dissolvants acides ou alcalins, concentrés ou très-étendus, *comme une substance parfaitement homogène* qu'il est impossible de scinder en deux parties distinctes ; il est facile de mettre ces faits en lumière, en opérant par traitements fractionnés, exécutés avec soin.

Ce procédé s'applique au cas le plus général, qui est le dosage de la fibroïne, mais il est évident que si on veut suivre de très-près une expérience de filature par exemple, il faudra obtenir une séparation aussi exacte que possible des différents corps qui constituent la soie, et qu'il ne serait pas suffisant.

Les opération qu'il faut exécuter dans des cas plus compliqués, sont les suivantes :

1°

Dosage des cendres

On opère sur trois ou quatre échantillons de 7 à 10 grammes chacun s'il s'agit de coques et de 25 à 30 grammes s'il s'agit de soie grége, en tenant compte des précautions que nous avons indiquées au début de cette étude.

---

(1) Dûs au savon acide, qu'il est impossible d'enlever à la fibroïne par l'eau distilllée bouillante.

2°

Dosage des corps solubles dans l'alcool

On opère sur 30 à 40 gr. de soie : on peut scinder le résidu obtenu par évaporation de l'alcool, en deux parts : l'une soluble, l'autre insoluble dans l'eau, et on recueille aussi les eaux de lavage qui ont servi à débarrasser la soie de l'alcool qui l'imprégnait.

Une remarque importante : c'est que cette soie ne peut plus servir dans d'autres opérations d'analyse : le traitement si prolongé qu'on lui a fait subir a modifié les propriétés de la substance gélatigène, qui est devenue plus résistante aux dissolvants : de plus son poids absolu *après alcool* est grandement inexact si on ne l'a pas lavée à fond, car il se produit ici le même phénomène que nous avons observé avec l'éther, c'est-à-dire que *la soie augmente de poids d'une façon notable*. Le fait est facile à vérifier en pesant *à l'absolu* un flotillon de soie et reprenant son poids après l'avoir humecté d'alcool : ce dernier sera presque toujours notablement supérieur, et un chauffage de plusieurs heures ne ramènera pas le poids absolu primitif.

3°

Séparation de la gomme de soie et de la fibroïne

On emploie le procédé décrit plus haut, en opérant sur 1 gr. 5 à 2 gr. de soie et faisant 3 à 4 dosage, afin de prendre la moyenne.

4°

Dosage des cendres dans la fibroïne

Muni de tous ces résultats, on en déduit la composition de la substance soyeuse, ainsi que je vais le montrer pour l'analyse des coques de cocons jaunes Cévennes 1879 : je me contenterai ensuite de donner les résultats de l'analyse de la soie jaune qu'elles ont produits, ainsi que ceux obtenus avec les coques blanches et la soie, car les opérations étant conduites de la même façon, il est inutile d'entrer à plusieurs reprises dans les détails.

COQUES DES COCONS JAUNES

1°

Dosage des cendres

Lots	Poids absolu	Cendres	0/0
1	7 gr. 410	0 gr. 125	1.68
2	6 gr. 840	0 gr. 117	1.72
3	8 gr. 382	0 gr. 140	1.67
		Moyenne :	1.68 0/0

2°

Traitement par l'alcool

On traite 30 gr. 325 dans un ballon à long col ; l'ébullition dure 54 heures avec 6 renouvellements d'alcool.

Le résidu qu'il laisse réuni à celui des eaux de lavage forme un total de $0.990 = 3.27 \,°/_°$ et se subdivise ainsi :

0 gr. 236	Cire :	0.78 0|0
	Corps solubles dans l'eau :	
0 gr. 367	Solutions très-acide :	1.21 0|0
0 gr. 388	Résidu des eaux de lavage :	1.28 0|0

Les coques *sont encore d'un jaune vif,* bien que l'alcool se soit coloré en jaune et ait pris une portion de la matière colorante qui est protégée par la substance gélatigène, car elle est instantanément dissoute, si celle-ci fait défaut.

3°

Dosage de la gomme de soie et de la fibroine

On traite à la fois dans les bains de savon les lots suivants, numérotés et pesés à l'absolu, et on les fait passer l'un après l'autre dans l'acide acétique : on les repèse à l'absolu après chacun de ces traitemens :

	Savon		Acide	G. de soie	Fibr.
	Avant	Après	Après	0|0	0|0
1 —	1.882	1.397	1.361	27.69	72.31
2 —	2.011	1.498	1.457	27.55	72,45
3 —	1.980	1.466	1.433	27.63	72.37
Totaux et moyenne :	5.873	4.361	4.251	27.62	72.38

4°

Dosage des cendres dans la fibroïne

On incinère les 4 gr. 251 de fibroïne qu'on vient d'obtenir dans les essais précédents ; elle laisse 0,013 de cendres $= 0.31$ pour % de fibroïne, ou 0.221 de soie.

La fibroïne renfermant 0.221 % des sels contenus primitivement dans les coques, 1.68 %, on voit que 1.46 % ont été enlevés *en même temps que la gomme de soie :*

Cette dernière formant un total de 27.62 %, tandis que la portion dissoute par l'alcool est de 3.27 %, il reste pour *les sels* et *la substance gélatigène* 24.35 % $= 22.89$ pour celle-ci :

Voici en regard la composition des coques déduites de ces diverses données, et celle de la soie qu'elles ont produite en les filant dans l'eau d'une bassine en marche normale, mais sans addition d'eau de chrysalide toujours très-chargée de matières grasses qui auraient été absorbées et seraient ainsi venu fausser les résultats. (1)

JAUNES CÉVENNES	Coques des cocons	Soie grége
Fibroïne (y compris 0.22 de sels). . . .	72.38	75.18
Substance gélatigène	22.89	22.82
Corps extraits par l'alcool	3.27	1.44
Sels.	1.46	0.56
	100	100

Soit en résumé :

Fibroïne :	72.38 0⁄0	75.18 0⁄0
Gomme de soie :	27.62	24.82

La perte faite par les coques de cocons à la bassine lors de leur dévidage dans l'eau chaude, porte donc principalement sur les sels et sur les corps qu'on pourrait extraire par l'alcool : la partie du résidu de l'alcool soluble dans l'eau est naturellement très-faible (0.12 %) et à réaction *neutre* dans *la soie grége*, tandis qu'elle est de 1.21 % dans les coques et renferme un acide puissant *à odeur insupportable.*

Les coques de cocons blancs et leur soie grége ont été analysées et ont donné les résultats suivants :

(1) Dans tous les ateliers des Cévennes, et peut-être de France, on file *à tort ou à raison* dans de l'eau additionnée des matières grasses, des chrysalides écrasées, pratique peu usitée en Italie et dans le Levant.

BLANCS CÉVENNES	Coques	Soie grége
Fibroïne (y compris 0.17 0/0 de sels). .	74.45	76.49
Substance gélatigène	21.67	21.46
Corps extraits par l'alcool	2.60	1.50
Sels	1.28	0.55
	100	100

Soit en résumé :

Fibroïne :	74.45 0/0	76.49 0/0
Gomme de soie :	25.55	23.51

La soie grége, sur laquelle ont jusqu'ici porté exclusivement les études des chimistes, ne représente pas la soie telle que le vers l'a secrétée, par les raisons suivantes :

1° La *coque du cocon* est formée d'une multitude de couches soyeuses d'une richesse très-différente en gomme de soie et fibroïne : la proportion de cette dernière va en *augmentant sans cesse*, depuis le premier mètre de fil secrété par le ver, jusqu'au dernier, tandis que la gomme de soie suit une marche inverse (1).

Le fil de *soie grége*, qui est formé par la réunion et la soudure du brin de *plusieurs cocons se dévidant ensemble* (5 ou 6 généralement) est cependant d'une richesse assez régulière en fibroïne, parce que le filateur a grand soin de maintenir sans cesse parmi ceux-ci, des cocons *neufs, dévidés à motié* et *presque finis*.

2° Il n'y a que 70 °/₀ environ de la coque qui donne la soie grége : les 30 °/₀ forment un déchet à part : frisons et estras.

3° Lorsqu'on file à l'eau claire, la coque perd la moitié environ des sels qu'elle contient, une grande partie des corps gras, et une petite portion de la substance gélatigène.

4° Lorsqu'on file à l'eau très-chargée des sels et des matières grasses des chrysalides écrasées, la coque perd encore la moitié des sels qu'elle contient, mais elle absorbe une partie des matières grasses dans lesquelles s'effectue son dévidage.

5° Enfin avec des cocons identiques, filés par un même procédé de filature, on obtiendra des soies gréges légèrement différentes, suivant le battage et la température à laquelle s'effectuera le dévidage des cocons.

Il est donc certain que si l'étude de la soie grége offre un très-grand intérêt au point de vue industriel, il n'en est pas de même au point de

---

(1) Ce fait que j'ai découvert et signalé en 1875, est facile à vérifier, en coupan des cocons dans le sens de la longueur, puis divisant les moitiés des coques en deux *parties égales* mais *parallèlement* aux couches soyeuses: on analyse à part toutes les moitiés extérieures et intérieures, ainsi que la Blaise et les coques entières.

4

vue scientifique : Pour étudier la soie telle que le ver l'a secrétée, on ne peut employer que la *coque même du cocon* et avant qu'elle ait subi une opération quelconque sauf celle de l'étouffage, qui est sans influence lorsqu'elle est pratiquée à la vapeur où à l'air sec à 110°.

Je dois enfin faire observer en finissant que la soie étant un produit de sécrétion animale, est loin d'avoir toujours et partout une composition absolument identique, comme le serait par exemple celle d'un sel cristallisé et pur ; la proportion relative de gomme de soie et de fibroïne varie légèrement pour une même race de vers et pour un même pays, d'une année à l'autre, et assez fortement d'une race à l'autre : le sol où a poussé le mûrier dont la feuille sert de nourriture aux vers, *a une grande influence sur cette feuille* et partant sur les cocons qui seront produits; et je ne serai démenti par aucun filateur, quand je dirai que des vers identiques, élevés dans *la plaine argileuse*, ou dans *des montagnes granitiques* donneront des cocons très-différents au point de vue du rendement, et de la beauté et bonté du fil produit.

On remarquera que j'ai laissé entièrement de côté dans cette étude, les propriétés chimiques des différents corps qui entrent dans la composition de la soie ; celle de la fibroïne sont les mieux connues, et l'on trouvera d'excellents résumés des travaux faits sur elle, dans les ouvrages de MM. Perret, Persoz et Luigi Ponci (1) : mais celle des autres corps est, pour ainsi dire, à faire en entier, et me demandera certainement de longs mois de travail, forcé que je suis de ne consacrer à mon laboratoire, que les quelques heures malheureusement trop rares que me laisse de libre la direction de mes filatures.

Les difficultés si grandes qu'on rencontre dans des études de ce genre, résidant en entier *dans l'altération si facile des corps que l'on soumet aux réactifs*, et dans les changements inattendus et *inaperçus* qui peuvent se produire pendant qu'on fait tous ses effort pour les purifier.

Paul Francezon.

Alais, 20 mars 1880.

---

(1) M.M. Perret. — *Monographie de la Condition des soies de Lyon.* — Pitrat, 1878.

Persoz. — *Essai sur le conditionnement des soies.* — G. Masson, 1878.

L. Ponci. — *Tintura della seta.* — Milan, 1875.

Moyret, — *Traité de teinture des Soies.*]

ADDITIONS

APPAREIL POUR PESER LA SOIE ABSOLUMENT SÈCHE

Lorsqu'on veut peser une matière soyeuse desséchée, par les procédés usités pour les substances hygrométriques, on ne tarde pas à voir qu'ils sont inapplicables, la soie reprenant avec une avidité extraordinaire une partie de l'eau qu'elle avait perdue dans l'étuve, et la pesée n'offrant plus aucune garantie : j'ai donc pensé qu'il était convenable de décrire l'appareil qui me sert déjà depuis de longues années, pour peser la soie « à l'absolu » — d'autant plus qu'il peut être très-utile dans les laboratoires pour la pesée d'autres substances très hygrométriques.

L'appareil est calqué sur ceux qui servent dans les Conditions publiques : il se compose d'une étuve à courant d'air chaud, chauffée au gaz et placée sous une table, et d'une balance d'analyse accusant très-nettement 1 milligramme ; celle-ci est placée sur la table au-dessus de l'étuve.

(Voir ci-contre l'appareil).

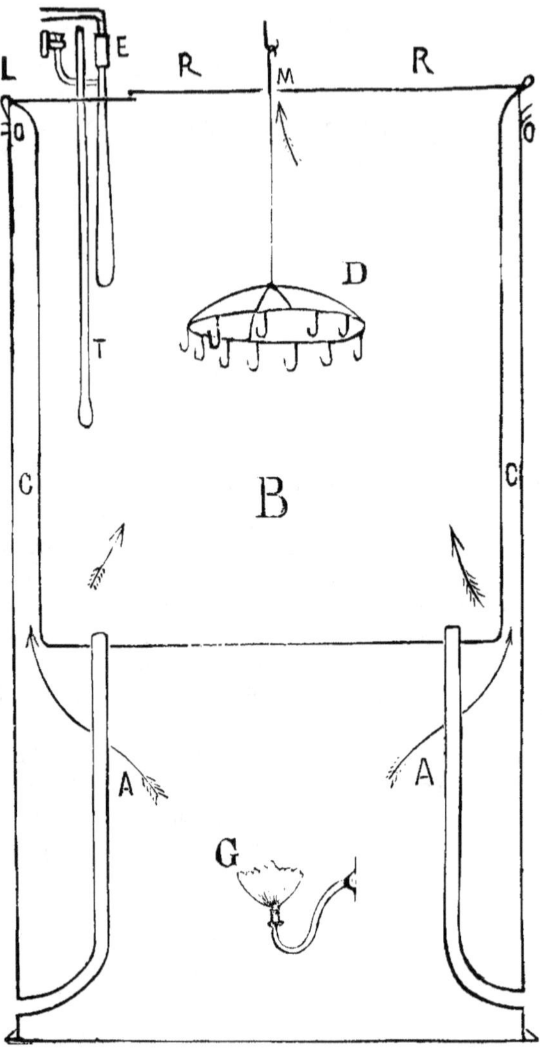

Diamètre, 0,25 cent. — Hauteur, 0,45 cent.

La cage de la balance et la table qui la supporte sont percées d'ouvertures d'un centimètre de diamètre, par lesquelles passe un fil fin de
platine dont une extrémité arrive à 5 centim. au-dessus du centre du
couvercle de l'étuve, et supporte un petit crochet, tandis que l'autre
est fixée au crochet gauche du fléau.

L'air chaud pénètre par les tubes AA, dans l'étuve B, tandis que les produits de la combustion du gaz passent dans l'intervalle CC et s'échappent par de petites ouvertures pratiquées dans le haut de la paroi extérieure.

La partie R R du couvercle est mobile ; la partie L est fixe et supporte le régulateur à mercure Schlœssing et le thermomètre. La couronne D est faite avec un fil de cuivre muni de petits crochets auxquels on suspend la matière soyeuse à dessécher : on le remplace par un petit plateau rond ou allongé ; quand on veut peser « *à l'absolu* » des poudres ou autre substance hygrométriques (1).

Pour faire une pesée. on chauffe l'étuve d'abord à 120°, on ferme les tubes AA, et on équilibre parfaitement la balance : on sort ensuite la couronne de cuivre, on y place la soie et on replonge le tout dans l'etuve ; on pèse de quart d'heure en quart d'heure, en ayant soin de fermer les tubes AA pendant la pesée, et l'on considère le poids comme définitif, quand il s'est maintenu parfaitement constant entre deux opérations.

Les précautions indispensables pour que des pesées faites dans ces conditions soient exactes, sont :

1° Equilibrer la balance à vide, *exactement à la température* à laquelle devra se faire la pesée définitive :

2• Intercepter le courant d'air des tubes A ;

3° Vérifier toujours l'équilibre *avant* et *après* chaque opération.

On peut être certain que le poids absolu de la substance plongée dans l'étuve, correspond parfaitement à celui qu'on aurait trouvé en effectuant la pesée à la manière ordinaire, si on avait pu opérer sur la soie absolument sèche ; s'il y a une erreur due au milieu chauffé dans lequel est maintenu la soie, elle est très-petite et négligeable.

TRAITEMENT DE LA SOIE PAR L'ALCOOL.

Après le traitement de la soie grége par l'alcool il est difficile de la débarrasser des dernières traces de ce liquide en la lavant à l'eau distillée froide, et lorsqu'on la chauffe à 120° on trouve que son poids absolu est supérieur à celui qu'il devrait être réellement. La perte, déduite de la différence des deux pesées avant et après alcool, parait inférieure à celle qui est indiquée par la pesée des résidus laissés par l'alcool et l'eau de lavage.

Il est aussi possible que le résidu subisse une altération qui occa-

(1) Cet appareil peut être aussi d'une grande utilité dans les filatures, pour obtenir le poids *conditionné* des flotillons pris pour connaître le titre de la soie grége.

sionne une augmentation de poids lors de l'évaporation de l'alcool et ces deux erreurs s'ajouteraient.

On peut facilement démontrer l'augmentation de poids de la soie retenant de l'alcool, en imprégnant de ce liquide de la soie déjà épuisée par lui et pesée à l'absolu :

On pèse 33 gr. 210 de soie grége jaune débarrassée entièrement de ses parties solubles dans l'alcool : on vérifie soigneusement ce poids à plusieurs reprises, à 120°, ainsi que l'équilibre des balances : On l'imbibe légèrement d'alcool et on la remet dans l'étuve.

Après une heure de chauffage, le poids *définitif* est de 33.324, soit une augmentation de 0 g. 114.

SUR LA SOIE DÉCREUSÉE

Après le passage de la soie dans les bains de savon et lavages aussi énergiques que possible à l'eau distillée chaude, la fibroïne est très-légèrement teintée et retient une certaine quantité d'un savon *très-acide, insoluble dans l'eau bouillante* et une très-petite portion de substance gélatigène.

On peut la traiter par l'alcool bouillant auquel elle abandonne ce savon acide : on la lave ensuite à l'eau distillée très-chaude, qui s'empare de l'alcool et on remarque que la différence des deux pesées à l'absolu, faite avant et après ce traitement, *est inférieure* aux poids des résidus laissés par l'alcool et les eaux de lavage.

Dans ce cas, il est probable que toute l'augmentation de poids est due à l'altération du savon très-acide, lors de l'évaporation à sec, car la fibroïne a pu être lavée à fond à l'eau très-chaude, et être débarrassée ainsi des dernières traces d'alcool.

Le résidu est jaune clair, très-mou à la température ordinaire, rougissant fortement le papier de tournesol quand on le reprend par l'alcool ; incinéré, il laisse une très-petite quantité de carbonate de soude, facile à caractériser au chalumeau (1).

La fibroïne débarrassée de ce savon acide est presque blanche, et a perdu à peu près entièrement le toucher soyeux si craquant qu'elle avait après décreusage et avant le traitement par l'alcool. La différence est si grande qu'il est très-facile de reconnaître au tact et les yeux fermés la fibroïne qui retient encore le savon acide ; c'est donc à lui qu'on doit attribuer le toucher craquant qu'on a remarqué depuis si longtemps dans les soies décreusées.

Lorsque nous avons traité la soie après savon, par l'acide acétique

____

(1) Oléate acide de soude.

bouillant, comme je l'ai indiqué, nous avons enlevé du coup le savon acide et les dernières portions de substance gélatigène qui restaient sur la fibroïne : il s'est formé de l'acétate de soude et l'acide gras fondu s'est répandu dans tout le liquide où il apparaitra plus tard à froid sous forme d'un trouble blanc laiteux.

La proportion de ce savon acide et de substance gélatigène varie beaucoup dans les soies décreusées suivant la façon dont on a exécuté la cuite et les lavages. aussi l'expérience suivante n'est-elle donnée que comme une simple indication.

Soie grége jaune Cévennes.

Absolu :	11 gr. 272
Après savon :	8 gr. 583
Perte :	2 gr. 689 = 23.85 $^\circ/_\circ$
Avant alcool :	8 gr. 583
Après alcool :	8 gr. 490
Pertn :	0 gr. 085

Résidu laissé par l'alcool :	0 gr. 089
— par l'eau de lavage :	0 gr. 026
Perte :	0 gr. 115

Soit 0 gr. 030 *de plus* que la perte indiquée par les deux pesées de la soie décreusée.

· Avant acide acétique :	0 gr. 498
Après :	8 gr. 460
Perte :	0 gr. 038

Ce qui donne pour la composition de la flotte essayée :

Fibroïne :	75.06 $^\circ/_\circ$
Gomme de soie :	24.94 $^\circ/_\circ$

MOYEN

POUR

RÉGULARISER L'ÉBULLITION DE L'ACIDE ACÉTIQUE

NOTE

L'acide acétique chauffé dans des vases en verre, bout très-difficilement et par soubresauts ; de plus, si on y introduit un corps poreux apportant avec lui beaucoup d'air, au moment où il est sur le point de bouillir, il se produit subitement une masse considérable de vapeur et le liquide bouillant est projeté hors du récipient (1).

Ce ne serait donc pas sans danger que nous introduirions la soie décreusée dans l'acide acétique bouillant, ainsi que l'exige le procédé d'analyse décrit plus haut ; mais cette opération est très-facile, grâce à la précaution suivante :

Avant de chauffer l'acide, on introduit dans la cornue une lame de platine aussi rugueuse que possible, et roulée plusieurs fois sur elle-même autour d'un tube de verre : elle a pour but de maintenir au sein du liquide des traces d'air enfermées dans les rugosités ; traces d'air qui suffiront pendant plusieurs jours non-seulement pour rendre l'ébullition de l'acide d'une régularité parfaite, mais encore pour empêcher la production instantanée de vapeur et la projection de l'acide bouillant, lorsqu'on introduira dans celui-ci la soie décreusée à analyser.

Quand la lame de platine n'agit plus, c'est une preuve qu'elle ne contient plus d'air, et il suffit de la sortir et de la chauffer pour lui rendre toutes ses qualités primitives.

---

(1) Voir sur ce phénomène si curieux de l'ébullition le *Traité de Physique*, de Drion et Fernet, 6e édition, page 267.

ÉTUDE

SUR LES

ÉTOUFFOIRS CHIMIQUES

Il y a déjà longtemps que l'étude qu'on va lire était prête à être publiée ; mais j'hésitais, à la pensée que les résultats étant négatifs, au point de vue industriel, ne pouvaient qu'intéresser médiocrement mes confrères. Si je la livre aujourd'hui à la publicité , c'est dans le seul but d'éviter aux chercheurs la peine de refaire des expériences dont le mauvais résultat serait certain, et de relever quelques erreurs assez grossières qui ont cours, au sujet de l'action des gaz délétères sur les chrysalides.

M. Moyret, par exemple, ne dit-il pas dans son excellent *Traité de la teinture des soies*, page 60, § 4 : « L'emploi d'agents gazeux , tel « que l'acide sulfureux reste sans résultats, l'*insecte étant préservé* » *par sa coque ! !* »

Et M. Boulade, dans le n.º 808 du *Moniteur des soies*, ne donne-t-il pas à entendre que les gaz à *froid* sont sans action sur la chrysalide , et que dans l'étouffoir Gauthier (procédé à l'acide sulfureux) c'est la chaleur seule qui agit ! ! Il s'appuie sur ce fait, que des chrysalides laissées huit jours dans l'acide carbonique sont restées vivantes.

Nous verrons dans cette étude, que la coque ne met nullement la chrysalide à l'abri des gaz délétères, et que l'exemple choisi par M. Boulade est sans valeur, l'acide carbonique ne tuant pas la chrysalide. S'il avait essayé par exemple l'acide sulfhydrique à *froid*, il aurait vu combien son action était rapide, et ne serait pas exposé à traiter un peu vivement le procédé Gauthier de « mystification » au point de vue scientifique.

HISTORIQUE

C'est je crois en 1828, dans un ouvrage publié à Milan, par F. Gera,
qu'on trouve la première description des procédés employés pour tuer
la chrysalide par l'ammoniaque gazeuse, l'acide sufureux, etc.. etc.
Mais il néglige de citer une seule expérience faite avec ces gaz, et se
contente de déclarer que leur usage ne s'est pas répandu.

Depuis cette époque, bien d'autres filateurs, en Italie et en France,
ont repris l'étude de la question qui nous occupe, mais aucun n'a publié les résultats de ses recherches. Cela est certainement regrettable,
car en les publiant ils auraient évité aux chercheurs la peine de refaire
des expériences déjà faites, et cette question sans cesse renaissante,
des étouffoirs chimiques, serait aujourd'hui totalement éclaircie.

Personne ne pensait plus, probablement, à ce système d'étouffage,
quand tout à coup, en 1877, surgirent deux inventeurs : je pourrais
même dire trois, si le procédé de ce troisième n'était la copie exacte
de celui d'un des deux premiers.

Je veux parler de MM. Gauthier et Lamonta :

PROCÉDÉ GAUTHIER

Le brevet de M. Gauthier est du 7 avril 1877, et porte le numéro
117,851.

Il a été résumé par M. Boulade, n° 808 du *Moniteur*, aussi ne ferai-je
que rappeller ici, que M. Gauthier étouffait par trois procédés distincts :

1° Par le gaz ammoniac :

2° Par l'acide sulfureux :

3° Par l'acide carbonique.

PROCÉDÉ LAMONTA

Celui-ci est plus compliqué, mais, paraît-il, n'en vaut pas mieux
pour cela.

Le brevet est du 15 février 1877, numéro 116,930.

Les ingrédients employés *simultanément*, pour obtenir la mort de
la chrysalide sont les suivants :

1° Alcool à 90°, dans lequel on a dissous 20 °/₀ de bichlorure de
mercure ;

2° Éther sulfurique à 56° :

3° Ammoniaque à 20°.

N'ayant pas essayé ce procédé, je ne puis en dire grand chose ; mais le poison si violent contenu dans le liquide n° 1, et ce que nous verrons de l'action de l'ammoniaque sur le cocon, doivent donner à réfléchir à ceux qui seraient tentés d'essayer en grand ce système.

La question en était là, et les inventeurs nouveaux prônaient leur système *avant même d'avoir fait un essai comparatif*, qui les aurait bien vite désillusionnés, quand j'eus l'idée de soumettre tous les gaz à une étude aussi complète que possible, afin de voir ce qu'il y avait de vrai dans les affirmations enthousiastes des inventeurs:

Lorsqu'on passe en revue, au point de vue qui nous occupe, les gaz connus aujourd'hui, on voit bien vite que beaucoup ne peuvent être essayés à divers titres :

1° Comme trop dangereux à manier ;

2° Comme trop chers ;

3° Comme trop énergiques.

Il est inutile, je pense, d'insister sur le ridicule qu'il y aurait à essayer de tuer des chrysalides avec des gaz qui tueraient aussi très-bien les ouvriers employés à la manœuvre de l'appareil, ou avec des gaz d'un prix exagéré, ou dont l'action est telle sur les matières organiques qu'ils les désagrègent profondément.

Cette élimination faite, on voit que sur les cinquante-six corps gazeux connus actuellement, il n'y en a que neuf qui peuvent être essayés , ce sont :

1° L'oxigène ;

2° L'hydrogène ;

3° L'acide sulfhydrique ;

4° L'ammoniaque ;

5° Le protoxyde d'azote ;

6° L'oxyde de carbone :

7° L'acide carbonique :

8° L'acide sulfureux ;

9° Le gaz d'éclairage.

Action de ces gaz sur les chrysalides

Pour essayer comment ces gaz agissaient sur les chrysalides et voir s'ils les tuaient et leur rapidité d'action , on employait une grande éprouvette à dessécher le gaz et qui figurait l'étouffoir. Elle était fermée par deux bons bouchons en caoutchouc traversés par des tubes coudés, qui peuvent être eux-mêmes fermés hermétiquement.

On y mettait des cocons et des chrysalides sans leur coque ; on y faisait passer le gaz à essayer pendant quelques minutes, et quand elle était pleine on fermait les tubes de manière à laisser les cocons et les chrysalides en contact avec lui pendant plusieurs heures.

On retirait enfin les cocons, on les ouvrait et on piquait légèrement les chrysalides pour voir si elles remuaient encore: si elles ne donnaient plus signe de vie, on les laissait à l'air pendant quelques heures et on les repiquait de nouveau. Nous verrons que des chrysalides paraissant bien mortes immédiatement après la sortie de l eprouvette, revenaient très-bien à la vie après une heures ou deux passées à l'air.

ESSAIS

1º *Oxygène*

C'est par acquit de conscience, je l'avoue, que j'ai essayé ce gaz, cité par plusieurs auteurs, F. Gera entr'autres.

Après quatre heures de séjour, dans l'oxygène pur et sous huit centimètres de mercure de pression, les chrysalides sont sorties de l'éprouvette en parfaite santé.

2º *Hydrogène*

Après douze heures et demie de séjour, les chrysalides sont insensibles aux piqûres, mais reviennent à la vie après une heure passée à l'air.

3º *Acide sulfhydrique*

Après quinze minutes dans l'acide sulfhydrique froid, sont mortes : ne reviennent pas à la vie après quinze heures passée à l'air.

4º *Ammoniaque*

Après quinze minutes, bien tuées : fortement noires.

5º *Protoxyde d'azote*

Après treize heures de séjour, sont insensibles aux piqûres, mais reviennent à la vie après deux heures à l'air,

6º *Oxyde de carbone*

Voici sans contredit l'essai le plus curieux, car il s'agit d'un poison des plus redoutables pour les animaux supérieurs : un air qui en contient seulement 3 0⁄0 est rapidement mortel pour l'homme.

Les chrysalides ne sont pas du tout affectés par un séjour de dix heures *dans ce gaz pur* : insensibles au sortir de l'éprouvette , mais deux heures après se hâtent de revenir à la vie.

7º *Acide carbonique*

Ce gaz étant infiniment moins dangereux que le précédent, il était probable que les chrysalides le supporteraient à plus forte raison.

Elles ont, en effet, séjourné dix-huit heures dans ce gaz sans être tuées : elles étaient insensibles au sortir de l'éprouvette , mais deux heures après elles sont revenues à la vie.

8º *Acide sulfureux*

Après quinze minutes, mortes : leur couleur est fortement pâlie : sont jaune paille clair au lieu de brun marron foncé leur couleur naturelle.

9º *Gaz d'éclairage*

Séjour vingt-quatre heures : sur vingt chrysalides, quatre vivantes après deux heures passées à l'air.

Il n'y a donc que *trois gaz mortels* pour les chrysalides sur les *neuf* qu'on pouvait essayer avec quelque chance de succès.

Ce sont :

L'acide sulfhydrique :

L'ammoniaque.

L'acide sulfureux.

Ces gaz ayant agi à froid et aussi énergiquement, prouvent combien sont inadmissibles les opinions émises par MM. Moyret et Boulade.

Ce sont ces gaz que nous allons étudier comparativement avec la vapeur au point du vue de l'étouffage des cocons et de la qualité et quantité de soie produite.

DEUXIÈME PARTIE

Observations générales sur l'emploi de ces gaz

Les expériences que nous venons de citer montrent que toutes les fois qu'il sera question d'un nouvel étouffoir chimique par les gaz (1), on pourra être presque certain que c'est un des trois désignés ci-dessus qui est employé : le travail de l'inventeur aura simplement consisté à

(1) On remarquera que nous avons laissé entièrement de côté, dans cette étude, les substances volatiles telles que l'éther, le sulfure de carbone. etc., qui ont, paraît-il. donné dernièrment de mauvais résultats en Italie.

le masquer plus ou moins par un mélange de substances *ou à le déco-
rer d'un autre nom que le sien.*

Dans les essais faits avec l'aci le sulfhydrique, l'ammoniaque, l'acide
sulfureux, on employait une caisse en bois ou en zinc pouvant être
fermée hermétiquement, et contenant de 6 à 7 kilogr. de cocons frais :
des robinets placés en différents points permettaient de faire passer
les gaz dans tous les sens, à travers la masse des cocons.

Bien qu'on opérât sur de petites quantités (5 kilos 200), et que l'on
fit passer un fort courant d'air dans les caisses après l'étouffage, la
sortie des cocons était très-pénible, à cause du gaz qu'ils retenaient
encore : il aurait été bien difficile, je crois, de vaincre cet inconvénient, dans le cas où ces gaz, ayant donné de bons résultats, on aurait
voulu les appliquer en grand.

Voici rapidement quelques remarques faites pendant leur applica-
tion à l'étouffage.

Ils n'altèrent nullement la couleur rosée des cocons cependant si
fugitive : ceux-ci la conservent, même plusieurs mois, mais la perdent
instantanément dès qu'ils touchent l'eau bouillante de la bassine.

Ce fait avait frappé les premiers inventeurs, qui étaiéns convaincus
qu'une matière colorante aussi délicate ayant résisté à l'emploi du gaz,
celui-ci ne pouvait avoir altéré, même légèrement, la partie soyeuse.

L'ammoniaque *noircit fortement les chrysalides,* qui semblent ainsi
transformées en morceaux de charbon; l'acide sulfureux les pâlit au
contraire, et leur donne une coloration jaune paille clair, carac-
téristique.

Ce dernier gaz ainsi du reste que l'acide sulfhydrique) s'oxyde
rapidement dans la coque même du cocon et se transforme en un acide
puissant l'acide sulfurique, dont la présence peut être facilement démontrée.

On n'a qu'à traiter un moment les coques par de l'eau tiède, et à
verser du chlorure de baryum dans la solution limpide, acidifiée par
de l'acide azotique : on obtiendra ainsi un précipité de sulfate de
baryte, tandis que les coques de cocons étouffés à la vapeur et traités
de même ne donneront pas trace de trouble.

L'acide sulfurique qui se forme dans la coque, l'altère profondément
ainsi que nous le verrons sous peu. Si après avoir fait étouffer six lots,
par exemple, par le procédé Gauthier, à l'acide sulfureux, on en laiss :
trois tels quels, et si on soumet les autres à un fort courant d'air tiède,
l'acide sulfureux qui imprègne les coques est chassé en grande partie
et sa trasformation ultérieure en acide sulfurique est évitée.

Les trois lots traités ainsi, donneront en filature un résultat bien supérieur aux trois autres ; nous aurons occasion de revenir sur ce fait, à propos des expériences faites avec l'étouffoir Gauthier.

Je passe exprès sous silence les soins si nécessaires dans ces essais comparatifs, afin d'éviter les erreurs si faciles à faire au milieu des préoccupations qui vous assaillent pendant les achats. Je dirais seulement que pour empêcher tout mélange, ou toute perte de cocons, les lots étaient enfermés immédiatement après la pesée, dans des sacs en canevas et qu'ils n'en sortaient plus : on les mettait, après étouffage, dans un appartement dont j'avais seul les clefs.

La soie produite par les divers lots était soigneusement conditionnée et les calculs se faisaient sur les poids ainsi obtenus, afin d'éviter les erreurs dues à des proportions différentes d'eau contenue dans la soie.

Chaque lot est formé de kilogr. 6,200 de cocons frais pesés sur une excellente balance.

Une série est composée de plusieurs lots formés avec les cocons *d'une même chambrée.*

Les résultats donnés par les divers lots *d'une même série sont seuls comparables entre eux* car ils proviennent de cocons parfaitement identiques, filés par les mêmes ouvrières : *un seul fait varie*, le procédé d'étouffage, dont on veut connaître l'influence.

ÉTOUFFAGE PAR L'AMMONIAQUE

Cette série est faite avec des cocons élevés à Lussan, graine Darbousse.

Elle est composée de six lots : trois étouffés à l'ammoniaque, trois à la vapeur.

Voici les observations recueillies en filatures et les résultats :

Cocons étouffés à la vapeur.

Marchent très-bien à la filature : ni mous ni mécheux ; s'avènent très-bien ; peu de peaux dans la bassine.

	Kilog.	Kilog.	Kilog.	Moyen*
Rentrée en cocons frais :	11.877	11.533	11.830	11.750
Frisons 0|0 k. de soie :	25.80	24.50	25.90	25.40
Bassinés 0|0 k. de soie :	6.50	5.20	4.30	5.30
Travail dans un jour :	0.180	0.185	0.192	0.185

Cocons étouffés à l'ammoniaque

Marchent bien; ni mous ni mécheux ; un peu durs à battre; s'avènent bien.

	Kilogr.	Kilogr.	Kilogr.	Kilogr.
Rentrée en cocons frais :	12.171	12.290	12.175	12.212
Frisons % k. de soie :	26.70	26.60	26.20	26.50
Bassinés % k. de soie :	5.20	8	5.20	6
Travail dans un jour :	0.175	0.175	0.170	0.172

On remarquera que , bien que tous ces cocons proviennent d'une même chambrée et d'une même graine, bien qu'ils aient été filés par la même fileuse en novembre, il y a cependant quelques écarts entre les lots étouffés par le même système.

Fort heureusement ces écarts sont moins grands que ceux qui proviennent du système d'étouffage, et la moyenne des résultats obtenus peut être considérée comme l'expression aussi rapprochée que possible de la vérité.

L'ammoniaque a donc occasionné une rentrée de 3.5 0|0 environ plus mauvaise et l'on a fait moins de travail qu'avec les cocons étouffés à la vapeur.

Je dois ajouter que la soie produite a un toucher *rude, crineux,* ce qui permet de supposer que la matière soyeuse a subi une altération assez profonde dont le contre-coup pourrait bien se faire sentir sur l'étoffe produite.

Il nous reste maintenant à voir les resultats donnés par l'acide *sulfhydrique* et l'acide *sulfureux*; ainsi que ceux que nous avons obtenus avec l'étouffoir Gauthier.

L'acide *sulfhydrique* était produit en attaquant le sulfure de fer par l'acide chlorhydrique, et l'acide *sulfureux,* en attaquant le charbon par l'acide sulfurique bouillant. Le gaz se lavait par son passage dans un flacon de Woolf et allait ensuite directement dans la caisse contenant les cocons.

Je dois faire remarquer qu'on a employé *exprès* pour l'acide *sulfureux,* un procédé qui ne le donne pas *pur,* mais mélangé avec un gaz inerte, l'acide *carbonique* (1).

Ce dernier devait, dans ma pensée, modérer l'action trop énergique du premier, le diluer et jouer en un mot, vis-à-vis de lui, le rôle que l'eau joue vis-à-vis du vin auquel on l'ajoute pour en tempérer la force.

(1) Il se dégage dans cette réaction deux équivalents de S O 2, et un de C. O.2.

M. Gauthier, en faisant brûler sur un réchaud un mélange intime de soufre, de charbon et d'azotate de potasse, produisait aussi de l'acide sulfureux fortement chargé d'acide carbonique ; ce procédé se confond par conséquent avec celui que j'ai employé et je n'en aurai pas parlé si je n'avais à citer une expérience assez curieuse faite avec ces cocons étouffés par M. Gauthier lui-même.

ÉTOUFFAGE A L'ACIDE SULFHYDRIQUE

On prélève six lots, chacun de 6 kilogr. 200 sur une chambrée élevée à Brouzen : trois sont étouffés à la vapeur, trois à l'acide sulfhydrique.

L'action du gaz est très-rapide ; il est infiniment moins soluble dans l'eau, que l'ammoniaque ou l'acide sulfureux et n'est pas absorbé par conséquent *en pure perte*, par les premières couches de cocons qu'il rencontre (1).

Il les traverse toutes en quelques minutes et ne laisse pas une chrysalide vivante.

On chasse ensuite l'excès du gaz, en faisant passer un courant d'air rapide dans la caisse : on peut en sortir alors les cocons sans trop d'embarras et sans danger.

L'acide sulfhydrique jouit, comme l'acide sulfureux de la propriété de s'oxyder en présence des corps humides et poreux, mais on ne peut constater dans la coque des cocons que la présence des traces d'acide sulfurique.

Ceci dit, voici les résultats :

Lots étouffés à la vapeur

Marchent très-bien ; ni mous, ni mécheux : ne se détachent que très-peu ; s'avènent très-bien.

	Kilogr.	Kilogr.	Kilogr.	Moyen"
Rentrée :	11.910	11.850	11.980	11.910
Frisons ", :	25.70	24.90	25.70	25.40
Bassinés ",	5.20	4.80	5.70	5.10
Travail dans un jour :	0.180	0.185	0.182	0.182

(1) Les 6 kilogr. 200 de cocons frais, contiennent 4 kilogr. environ, soit 4 litres d'eau, qui absorbent énergiquement, *et en pure perte*, des quantités énormes *d'ammoniaque* et *d'acide sulfureux.*

Lots étouffés à l'acide sulfhydrique

	Kilogr.	Kilogr.	Kilogr.	Moyen*
Rentrée :	12.010	12.030	12.000	12.015
Frisons "ₐ :	25.80	25.50	25.20	25.50
Bassinés %ₒ :	6.80	5.70	4.50	5.70
Travail dans un jour :	0.185	0.180	0.185	0.185

L'acide sulfhydrique occasionne donc une **rentrée plus mauvaise** de 1 0j0 environ, mais un défaut plus sérieux encore, c'est que la soie produite est couverte de duvets.

On a compté les défauts de 80,000 mètres de cette soie (1) **et on a** obtenu les resultats suivants :

En moyenne :	Vapeur.	Acide sulfhydrique.
Défauts dans 100 mètres :	52	88
Idem. » 1 gramme	310	590

Inutile d'insister.

ÉTOUFFAGE A L'ACIDE SULFUREUX

1° Produit par le charbon et l'acide sulfurique bouillant.

On prélève comme toujours les lots sur une même chambrée ; ceux qu'on a étouffés à l'acide sulfureux exhalent fortement l'odeur de ce gaz pendant plusieurs heures ; on peut facilement constater dans la coque la presence d'une assez grande quantité d'acide sulfurique qui vient de s'y former.

Lots étouffés à la vapeur

	Kilogr.	Kilogr.	Moyen°
Rentrée :	11.850	11.720	11.785
Frisons °ₒ :	25.10	24.80	24.90
Bassinés °ₒ :	4.20	4.70	4.50
Travail dans un jour :	0.192	0.193	0.193

(1) Avec un appareil que j'ai imaginé il y a huit ans, et dont je parlerai peut-être bientôt.

Lots étouffés à l'acide sulfureux

	Kilogr.	Kilogr.	Moyen*
Rentrée :	13.550	13.780	13.665
Frisons °/₀ :	29.10	30.20	29.66
Bassinés :	7.20	8.90	8
Travail dans un jour :	0.165	0.165	0.165

Les cocons ont très-mal marché en filature : mous et mécheux : battus et cuits en *vingt-cinq secondes.*

80,000 mètres examinés ont donné :

Moyenne :	Vapeur.	Acide sulfureux
Défaut des **100** mètres :	58	152
Idem 1 gramme :	410	1050

Cette étude n'a pas été poussée plus loin et pour aucun de ces systèmes, on n'a été jusqu'à la mise en étoffe de la soie produite ; c'était bien inutile, les résultats étant désastreux en filature.

2" Produit par la combustion de soufre, de charbon et de salpêtre.

Dans une dernière expérience, faite avec le concours de M. Gauthier, qui était venu passer quelques jours à Alais, je voulus voir si des cocons étouffés à l'acide sulfureux, puis débarrassés par un fort courant d'air des gaz qu'ils retenaient encore, ne donneraient pas un meilleur résultat en filature.

On préleva huit lots identiques sur une chambrée élevée au château de Periès : deux (les numéros 1 et 2), furent étouffés à la vapeur, et les numéros 3, 4, 5, 6, 7, 8, par M. Gauthier lui-même.

Les numéros 3, 5, 7 furent laissés tels quels après étouffage, mais les numéros 4, 6, 8, furent placés dans un fort courant d'air, qui devait chasser l'acide sulfureux dont la transformation ultérieure en acide sulfurique était ainsi évitée ; on maintint le courant d'air des plus énergiques pendant huit heures ; il était fourni par un ventilateur débitant 800 à 1.000 mètres cubes à l'heure.

Les huit lots ont été filés en novembre ; voici les résultats :

Vapeur

	Kilogr.	Kilogr.	Moyen*
Rentrée :	11.950	11.980	11.970
Frisons °/₀ :	26.20	27.10	26.60
Bassinés °/₀ :	4.20	4.90	4.50
Travail dans un jour :	0.190	0.195	1.192

Procédé Gauthier

	N° 3 Kilogr.	N° 5 Kilogr.	N° 7 Kilogr.	Moyen^e
Rentrée :	13.250	13.120	13.430	13.266
Frisons $\%$:	29.70	28.90	30.10	29.60
Bassinés $\%$:	25.20	24.30	25.10	24.90
Travail dans un jour :	0.155	0.150	0.155	0.155

Cocons marchent très-mal : la quantité énorme de bassinés provient de ce que beaucoup de neufs s'ouvrent au premier coup de balai

Procédé Gauthier

	N° 2 Kilogr.	N° 4 Kilogr.	N° 6 Kilogr.	Moyen^e
Rentrée :	12.750	12.680	12.810	12.746
Frisons $\%$:	27.70	27.10	27.90	27.5
Bassinés $\%$:	18.50	17.20	19.30	18.3
Travail dans un jour :	0.165	0.170	0.170	0.170

Cocons fortement aérés après étouffage.

Ont mal marché ; mous et mécheux ; battus et cuits en 25-30 secondes.

Tous ces numéros ont donné une soie poudrée de duvets, et on a dû la faire passer dans nos soies troisième choix, produites avec les peaux à la récolte.

En terminant cette étude, malheureusement peu intéressante , je le reconnais, puisque tous les résultats sont négatifs, qu'il me soit permis du moins d'espérer qu'elle pourra être utile aux inventeurs , en leur évitant la peine de refaire des expériences sur les trois gaz étudiés : et à mes confrères filateurs, en les mettant en garde contre les étouffoirs chimiques, dont on viendrait encore, comme en 1877 , *vanter avec grand fracas les prouesses plus ou moins authentiques.*

— • • —

LYON. — IMP. P. PERRELLON, GRANDE RUE DE LA GUILLOTIÈRE, 28.

www.ingramcontent.com/pod-product-compliance
Lightning Source LLC
LaVergne TN
LVHW022321170726
843503LV00006B/2638